DESPERTANDO EL AMOR VERDADERO

Tom Sanz

Tabla de Contenido

Prólogo:

En un mundo donde la búsqueda constante de la felicidad y la realización personal parece ser la meta última de la vida, nos encontramos con la historia de Martín, un hombre cuyo viaje de autodescubrimiento nos invita a reflexionar sobre el verdadero significado del amor propio y la aceptación.

Martín no era un hombre extraordinario por sus logros externos o su éxito profesional, sino por la profunda transformación que experimentó en su interior. A través de altibajos, desafíos y momentos de profunda reflexión, Martín nos enseña que el amor verdadero comienza desde adentro y que la verdadera felicidad reside en la capacidad de aceptarse a uno mismo, con todas las luces y sombras que ello conlleva.

En este relato, acompañaremos a Martín en su viaje desde la inseguridad y la búsqueda de validación externa hasta la plenitud y la paz interior que encuentra al abrazar su verdadero yo. Conoceremos las personas que cruzan su camino, las lecciones que aprende y las experiencias que lo moldean en su camino hacia el amor propio.

A través de las páginas de esta historia, espero que encuentres inspiración y motivación para emprender tu propio viaje de autodescubrimiento. Porque, al igual que Martín, todos merecemos encontrar la felicidad dentro de nosotros mismos y aprender a amarnos incondicionalmente, independientemente de las circunstancias externas.

Bienvenido a este viaje de transformación y crecimiento. Que la historia de Martín te inspire a encontrar tu propio camino hacia el amor propio y la realización personal.

Introducción

En un mundo lleno de desafíos y adversidades, la historia de Martín es un testimonio de perseverancia, autodescubrimiento y amor propio. Desde temprana edad, Martín enfrentó obstáculos que desafiaron su confianza y su fe en sí mismo. Criado en un entorno modesto, su infancia estuvo marcada por la lucha de sus padres para brindarle lo mejor que podían. Sin embargo, a pesar de su dedicación y amor, Martín luchó con sentimientos de inseguridad y dudas sobre su propio valor.

A medida que creció, enfrentó la presión de la sociedad para tener éxito y destacarse. Se esforzó en sus estudios y trabajos, buscando constantemente la validación externa a través de sus logros. Pero incluso cuando alcanzaba el éxito profesional, Martín seguía sintiéndose incompleto, como si algo fundamental estuviera ausente en su vida.

Fue durante estos momentos de introspección que Martín comenzó a darse cuenta de que la verdadera felicidad no se encontraba en las posesiones materiales ni en el reconocimiento de los demás, sino en el amor propio y la aceptación de uno mismo. A medida que exploraba su propia identidad y buscaba respuestas a sus preguntas más profundas, se encontró con María, una mujer extraordinaria cuyo amor y apoyo transformarían su vida para siempre.

En esta historia, exploraremos los altibajos de la vida de Martín, desde sus días de juventud marcados por la inseguridad hasta su encuentro con María y más allá. A través de sus experiencias, aprenderemos lecciones valiosas sobre la importancia del perdón, la aceptación y el amor propio. Martín no solo nos enseñará cómo enfrentar los desafíos de la vida, sino también cómo encontrar la verdadera felicidad dentro de nosotros mismos.

Capítulo 1: El despertar de un sueño

En un pequeño pueblo rodeado de campos verdes y cielos azules, vivía Martín, un joven con una mente brillante y un corazón lleno de sueños. Desde su infancia, Martín destacaba por su inteligencia y su dedicación a los estudios. A pesar de provenir de una familia humilde, sus padres siempre le inculcaron el valor del esfuerzo y la educación.

Martín, sin embargo, siempre se sintió diferente de los demás. Era tímido y reservado, con una autoestima frágil que lo llevaba a sentirse inseguro en muchas situaciones, especialmente cuando se trataba de interactuar con las chicas que le gustaban. A pesar de sus sentimientos, Martín nunca se atrevió a confesar su amor a ninguna de ellas.

En su lugar, Martín canalizaba su amor a través de sus acciones. Se esforzaba por destacar en la escuela, participaba en actividades extracurriculares y ayudaba a los demás en la comunidad. Sin embargo, a pesar de todos sus esfuerzos, Martín seguía sintiéndose solo y desconectado.

A medida que pasaban los años, Martín comenzó a darse cuenta de que su enfoque en el éxito académico y la aprobación externa no llenaba el vacío en su corazón. Anhelaba una conexión más profunda, alguien con quien compartir sus pensamientos y sentimientos más íntimos.

Pero la timidez y la inseguridad de Martín lo paralizaban, impidiéndole acercarse a las chicas que le gustaban. Se sentía atrapado en un ciclo de autoayuda y temor al rechazo, incapaz de romper las barreras que él mismo había construido a su alrededor.

A pesar de todo, Martín seguía aferrándose a la esperanza de encontrar el amor verdadero algún día. Sabía que el camino hacia la realización de sus sueños no sería fácil, pero estaba decidido a seguir adelante, confiando en que algún día encontraría a alguien que valorara su corazón por encima de todo lo demás.

Con el paso de los años, Martín continuó su camino en busca del amor y la aceptación. A pesar de su inteligencia y sus logros académicos, su timidez y baja autoestima seguían siendo obstáculos en su búsqueda.

Martín había experimentado algunos enamoramientos durante su adolescencia, pero siempre se encontraba incapaz de expresar sus sentimientos a las chicas que le gustaban. En cambio, se conformaba con admirarlas desde lejos, sin atreverse a dar el paso hacia una conversación que pudiera llevar a algo más.

A medida que Martín crecía, también lo hacían sus deseos de encontrar el amor verdadero. Anhelaba una conexión profunda y significativa, alguien que lo aceptara tal como era y lo amara incondicionalmente. Sin embargo, sus experiencias pasadas lo habían dejado marcado, haciéndole dudar de su valía y su capacidad para encontrar la felicidad en el amor.

Martín intentaba llenar el vacío emocional en su interior a través de sus logros académicos y profesionales. Se esforzaba por destacar en su carrera y alcanzar el éxito en el mundo exterior, convencido de que encontraría la validación que buscaba en el reconocimiento de los demás.

Sin embargo, a pesar de sus logros, Martín seguía sintiéndose vacío por dentro. Las relaciones superficiales que había experimentado no habían llenado el hueco en su corazón, dejándolo con una sensación de soledad y desconexión.

A medida que avanzaba en su carrera profesional, Martín comenzó a darse cuenta de que la búsqueda del amor verdadero no podía basarse en el éxito externo o la validación de los demás. Se dio cuenta de que antes de poder amar a alguien más, tenía que aprender a amarse a sí mismo, con todas sus luces y sombras.

Con el tiempo, Martín comenzó a trabajar en su autoestima y su confianza en sí mismo. Se comprometió a tratar de conocerse mejor y a aceptarse tal como era, con todas sus imperfecciones y defectos. Aprendió a valorar su propia valía y a reconocer que merecía ser amado por quien era, no por lo que había logrado en la vida.

A medida que Martín se sumergía en este viaje de autodescubrimiento, comenzó a sentir un cambio en su interior. Se sentía más seguro de sí mismo y más abierto a la posibilidad de encontrar el amor verdadero. Sabía que el camino hacia la realización de sus sueños no sería fácil, pero estaba dispuesto a seguir adelante, confiando en que algún día encontraría a alguien que lo amara por quien era, no por lo que tenía o lo que había logrado en la vida.

A medida que Martín continuaba su búsqueda de amor y aceptación, encontró destellos de esperanza que iluminaban su camino y le recordaban que el amor verdadero estaba al alcance de su mano, si tan solo se atrevía a buscarlo.

Durante uno de sus paseos por el parque del pueblo, Martín conoció a Sofía, una joven artista que había llegado recientemente al pueblo en busca de inspiración. Sofía irradiaba una energía contagiosa y una alegría de vivir que atraía a Martín como un imán.

Aunque al principio Martín se mostraba tímido e inseguro alrededor de Sofía, pronto comenzó a sentirse cómodo en su presencia. Descubrieron que compartían muchos intereses y pasiones, y comenzaron a pasar más tiempo juntos, explorando el mundo que los rodeaba y compartiendo sus sueños y aspiraciones.

Con el tiempo, Martín comenzó a sentir una conexión especial con Sofía, una conexión que iba más allá de la amistad. Comenzó a darse cuenta de que sus sentimientos hacia ella iban creciendo, y se encontraba constantemente pensando en ella cuando no estaban juntos.

Sin embargo, a pesar de sus sentimientos, Martín se encontraba paralizado por el miedo al rechazo. Temía confesarle sus sentimientos a Sofía y arriesgar su amistad si ella no sentía lo mismo por él. Se encontraba atrapado en un dilema, debatiéndose entre seguir adelante y arriesgarlo todo por amor, o mantenerse en la seguridad de la amistad y evitar el riesgo de perderla para siempre.

A medida que Martín reflexionaba sobre sus sentimientos, comenzó a darse cuenta de que el amor verdadero no venía sin riesgos. Reconoció que el miedo al rechazo era natural, pero que no podía dejar que lo detuviera en su búsqueda de la felicidad y la realización personal.

Con el corazón latiendo con fuerza en el pecho, Martín reunió todo su valor y decidió confesarle sus sentimientos a Sofía. Se armó de coraje y la invitó a dar un paseo por el parque, donde le abrió su corazón y le reveló lo que sentía por ella.

Para su alivio y alegría, Sofía respondió con una sonrisa radiante y confesó que también sentía lo mismo por él. Se abrazaron con fuerza, sintiendo la conexión y la intimidad que compartían en ese momento mágico.

Desde ese día en adelante, Martín y Sofía comenzaron una nueva etapa en su relación, explorando juntos las maravillas del amor verdadero. Descubrieron la alegría de compartir sus vidas con alguien especial y la magia de tener a alguien que los amara incondicionalmente.

Aunque sabían que el camino por delante no sería fácil, Martín y Sofía estaban dispuestos a enfrentar los desafíos juntos, sabiendo que mientras estuvieran unidos, podrían superar cualquier obstáculo que se interpusiera en su camino hacia la felicidad y el amor verdadero.

Con el descubrimiento y la celebración del amor entre Martín y Sofía, también vinieron los desafíos que pondrían a prueba su relación y su compromiso mutuo.

A medida que su relación florecía, Martín y Sofía se enfrentaron a la realidad de sus vidas individuales y las responsabilidades que conllevaban. Ambos tenían carreras que perseguir y sueños por alcanzar, lo que a menudo significaba tiempos separados y desafíos en la comunicación.

Martín, con su naturaleza introspectiva y reservada, a menudo luchaba por expresar sus necesidades y emociones de manera clara y directa. A veces, se retiraba a su caparazón emocional, dejando a Sofía confundida y preocupada por su relación.

Por otro lado, Sofía, con su espíritu libre y su pasión por la vida, a veces se sentía frustrada por la falta de comunicación emocional de Martín. Quería que él fuera más abierto y vulnerable con ella, pero a menudo se encontraba tropezando con sus propios muros defensivos.

A medida que surgían estos desafíos, Martín y Sofía se dieron cuenta de que debían trabajar en su relación si querían que prosperara. Se comprometieron a comunicarse de manera más abierta y honesta, a compartir sus pensamientos y sentimientos de manera sincera, y a apoyarse mutuamente en los momentos difíciles.

Con el tiempo, Martín comenzó a abrirse más a Sofía, compartiendo sus esperanzas, miedos y sueños con ella. Se sintió aliviado al darse cuenta de que podía confiar en ella con sus pensamientos más profundos y oscuros, y que ella siempre estaría allí para él, sin importar qué.

Sofía, por su parte, también hizo un esfuerzo por entender mejor a Martín y sus necesidades emocionales. Aprendió a darle espacio cuando lo necesitaba y a ser su roca cuando necesitaba apoyo. Se comprometió a estar presente para él en cada paso del camino, sin importar qué desafíos enfrentaran juntos.

A medida que trabajaban en su relación, Martín y Sofía comenzaron a ver los frutos de su esfuerzo. Se sentían más conectados que nunca, compartiendo una intimidad emocional que los unía en un nivel más profundo que antes.

A pesar de los desafíos que enfrentaban, Martín y Sofía sabían que su amor era fuerte y que juntos podían superar cualquier obstáculo que se interpusiera en su camino. Se comprometieron a seguir luchando por su relación, sabiendo que cada desafío que enfrentaban los acercaba más el uno al otro y fortalecía su vínculo en el amor verdadero.

A medida que Martín y Sofía continuaban su viaje juntos, enfrentaron la prueba del tiempo que pondría a prueba su amor y su compromiso mutuo.

Martín y Sofía se encontraban en una encrucijada en sus vidas. A medida que avanzaban en sus carreras y perseguían sus sueños individuales, también tenían que equilibrar sus compromisos y responsabilidades como pareja.

El tiempo que pasaban juntos se volvió más escaso, y a menudo se encontraban luchando por encontrar momentos de intimidad y conexión en medio de sus agendas ocupadas. A pesar de sus mejores esfuerzos, a veces se sentían como extraños en la vida del otro, luchando por mantener viva la chispa que los había unido en primer lugar.

Además, surgieron desafíos externos que pusieron a prueba su relación. Martín se encontró enfrentando problemas en el trabajo que lo dejaban estresado y ansioso, mientras que Sofía luchaba por encontrar inspiración para su arte en medio de una crisis creativa.

En momentos como estos, Martín y Sofía se apoyaban mutuamente, encontrando consuelo y fortaleza en el amor y la comprensión del otro. Se daban fuerza cuando uno de ellos flaqueaba, recordándose mutuamente que juntos podían superar cualquier desafío que se interpusiera en su camino.

A medida que pasaban los meses y los años, Martín y Sofía comenzaron a darse cuenta de que el amor verdadero no era solo una emoción fugaz, sino un compromiso constante de apoyo mutuo y crecimiento compartido. Aprendieron a aceptar que no siempre estarían de acuerdo en todo, pero que podían encontrar un terreno común a través del amor y la comunicación abierta.

A pesar de los altibajos que enfrentaban, Martín y Sofía se aferraban a la esperanza de un futuro juntos. Se comprometieron a seguir luchando por su relación, sabiendo que cada desafío que enfrentaban los acercaba más el uno al otro y los hacía más fuertes como pareja.

Y así, con el paso del tiempo, Martín y Sofía vieron cómo su amor resistía la prueba del tiempo, creciendo más fuerte y más profundo con cada obstáculo que superaban juntos. Se dieron cuenta de que mientras estuvieran unidos, podrían superar cualquier cosa que la vida les lanzara, sabiendo que su amor era la fuerza que los sostenía en los buenos y malos momentos.

Después de enfrentar los desafíos del amor y encontrar la verdadera conexión con Sofía, Martín se encontraba en un lugar de reflexión y renovación. Había aprendido muchas lecciones a lo largo de su viaje y se sentía más preparado que nunca para enfrentar los desafíos que la vida le presentara.

Con el amor de Sofía a su lado, Martín se sentía invencible. Sabía que no importaba lo que el futuro les deparara, siempre podrían superarlo juntos. Habían construido una base sólida para su relación, basada en la confianza, el respeto y el amor mutuo.

A medida que se despedían del Capítulo 1 de sus vidas, Martín y Sofía se preparaban para escribir el siguiente. Estaban emocionados por lo que el futuro les deparaba y ansiosos por enfrentar nuevos desafíos juntos.

Sin embargo, Martín también sabía que había trabajo por hacer. Había pasado gran parte de su vida buscando la validación externa y tratando de impresionar a los demás con sus logros y su posición social. Ahora, se daba cuenta de que había llegado el momento de enfocarse en lo que realmente importaba: el amor verdadero y la conexión genuina con los demás.

Decidió dejar de lado sus viejas inseguridades y abrazar su verdadero yo. A partir de ese día, se comprometió a ser auténtico y honesto consigo mismo y con los demás, mostrando su vulnerabilidad y su humanidad en lugar de ocultarla tras una máscara de éxito y seguridad.

Con esta nueva mentalidad, Martín se sentía listo para enfrentar el Capítulo 2 de su vida con confianza y determinación. Sabía que habría desafíos en el camino, pero también sabía que mientras tuviera a Sofía a su lado, sería capaz de superar cualquier obstáculo que se interpusiera en su camino.

Y así, con el corazón lleno de esperanza y los ojos puestos en el futuro, Martín y Sofía se embarcaron en el próximo capítulo de sus vidas juntos, listos para enfrentar lo que el destino les deparara con valentía y amor en sus corazones.

Capítulo 2: En busca de la validación externa

Después de la revelación de su verdadero amor con Sofía, Martín se encontraba en un estado de dicha y felicidad que no había experimentado antes. Sin embargo, a medida que el tiempo pasaba, Martín comenzaba a sentir la presión de su éxito profesional y la necesidad de demostrar su valía a los demás.

A pesar de haber encontrado el amor en Sofía, Martín seguía sintiéndose inseguro en otros aspectos de su vida. Se había graduado de la universidad y había conseguido un trabajo estable en la ciudad, pero su autoestima seguía siendo frágil y su necesidad de validación externa seguía siendo fuerte.

A medida que avanzaba en su carrera profesional, Martín comenzó a sentir la presión de demostrar su valía a los demás. Se esforzaba por destacar en su trabajo y alcanzar el éxito, convencido de que su valía como persona dependía de sus logros externos.

Sin embargo, en lugar de mostrar quién era realmente, Martín se enfocaba en resaltar sus logros y su posición social para atraer a las mujeres. Atraídas por su aparente seguridad económica, muchas mujeres se acercaban a Martín, seducidas por la idea de un estilo de vida cómodo y sin preocupaciones.

Martín, por su parte, disfrutaba de la atención y la admiración que recibía de estas mujeres, pero pronto se dio cuenta de que ninguna de ellas lograba llenar el vacío emocional que sentía en su interior. Se encontraba atrapado en un ciclo interminable de relaciones superficiales, todas basadas en el interés por su estatus y su dinero, en lugar de un verdadero amor.

A pesar de sus intentos de encontrar la felicidad en el éxito y la validación externa, Martín seguía sintiéndose solo y desconectado. Sabía que algo faltaba en su vida, pero no podía identificar qué era. Estaba atrapado en una búsqueda interminable de validación externa, sin darse cuenta de que la verdadera felicidad yace en el amor propio y la autenticidad.

Con el corazón lleno de dudas y la mente llena de preguntas, Martín se preguntaba si alguna vez encontraría la verdadera felicidad y el amor verdadero. Se encontraba en una encrucijada en su vida, y sabía que tendría que tomar decisiones difíciles si quería encontrar la paz interior y la realización personal que tanto anhelaba.

A medida que Martín continuaba inmerso en su búsqueda de validación externa, las grietas en su relación con Sofía comenzaron a hacerse más evidentes. Aunque su amor por ella seguía siendo fuerte, Martín no podía ignorar la sensación de que algo no estaba bien entre ellos.

Sofía, por su parte, también estaba luchando con sus propias inseguridades. A pesar de la conexión profunda que compartía con Martín, no podía ignorar la presión de sus amigos y familiares para encontrar a alguien con un mayor estatus económico.

La tensión entre Martín y Sofía alcanzó su punto máximo cuando Sofía conoció a alguien más: un hombre con una posición social más alta y una cuenta bancaria más grande. Aunque todavía sentía amor por Martín, Sofía no podía ignorar la atracción de la estabilidad económica y el estatus social que su nuevo pretendiente ofrecía.

Martín, devastado por la noticia, se encontró enfrentando una realidad dolorosa: Sofía ya no era suya. A pesar de todos sus esfuerzos por impresionarla y mantenerla a su lado, se dio cuenta de que nunca podría competir con alguien que ofreciera más riqueza y estabilidad económica.

Con el corazón roto y el alma destrozada, Martín se vio obligado a enfrentar la realidad de que su relación con Sofía había llegado a su fin. Aunque le dolía despedirse de ella, sabía que tenía que dejarla ir y permitirle seguir adelante con su nueva vida.

Con lágrimas en los ojos y un nudo en la garganta, Martín se despidió de Sofía, sabiendo que nunca olvidaría el amor que compartieron juntos. A pesar del dolor de la separación, Martín se aferró a la esperanza de que algún día encontraría a alguien que lo amara por quien era realmente, y no por su posición social o su estatus económico.

Con el paso del tiempo, Martín comenzó a sanar su corazón roto y a reconstruir su vida sin Sofía a su lado. Aunque nunca olvidaría el amor que compartieron juntos, sabía que tenía que seguir adelante y encontrar la felicidad dentro de sí mismo.

Y así, con el adiós inevitable de Sofía aún fresco en su mente, Martín se embarcó en un nuevo capítulo de su vida, decidido a encontrar la verdadera felicidad y el amor verdadero, incluso si eso significaba enfrentar más desafíos y sacrificios en el camino.

Después de la dolorosa separación de Sofía, Martín se sumergió aún más en su trabajo y su carrera profesional. Decidió que la mejor manera de llenar el vacío dejado por su relación fallida era concentrarse en su crecimiento personal y profesional.

Con renovada determinación, Martín se dedicó a mejorar sus habilidades y destacar en su campo laboral. Trabajó largas horas, buscando constantemente nuevas oportunidades para crecer y avanzar en su carrera.

A medida que avanzaba en su camino profesional, Martín se encontró rodeado de mujeres que mostraban interés en él. Aunque inicialmente se sintió halagado por la atención, pronto se dio cuenta de que todas estas relaciones eran superficiales y carentes de verdadero amor.

Martín sabía que no podía seguir viviendo en un ciclo de relaciones vacías y superficiales. A pesar de su éxito profesional y su aparente seguridad económica, se sentía más solo que nunca. Sabía que necesitaba encontrar algo más en la vida, algo que no pudiera obtener simplemente a través de su trabajo y su carrera.

Decidió tomar un paso atrás y reflexionar sobre lo que realmente quería en la vida. Se dio cuenta de que había estado buscando la validación externa y la felicidad en todas las cosas equivocadas, y que era hora de hacer un cambio.

Con esta nueva perspectiva, Martín se comprometió a enfocarse en su crecimiento personal y emocional. Se inscribió en clases de desarrollo personal y comenzó a explorar sus pasiones y sus intereses fuera del trabajo.

A medida que se adentraba en este viaje de autodescubrimiento, Martín comenzó a sentirse más seguro de sí mismo y de lo que realmente quería en la vida. Se dio cuenta de que el verdadero amor y la felicidad no podían encontrarse en el éxito profesional o la validación externa, sino en la conexión genuina con los demás y la aceptación de uno mismo.

Con el tiempo, Martín se dio cuenta de que la verdadera felicidad y el amor verdadero estaban dentro de él todo el tiempo. Se había estado buscando en todos los lugares equivocados, cuando en realidad todo lo que necesitaba estaba justo frente a él, esperando a ser descubierto.

A medida que Martín continuaba avanzando en su carrera profesional y buscando el éxito económico, se encontraba rodeado de mujeres que buscaban su atención y compañía. Sin embargo, a pesar de la aparente atención y afecto que recibía, Martín seguía sintiendo un profundo vacío en su interior.

Las mujeres que se acercaban a Martín lo hacían atraídas por su estatus económico y su posición social, pero ninguna de ellas parecía interesada en conocer al verdadero Martín. Eran relaciones superficiales y efímeras, basadas en el interés material en lugar de una conexión genuina.

Martín se encontraba atrapado en un ciclo de relaciones vacías y sin sentido, buscando desesperadamente amor y aceptación en los lugares equivocados. Aunque anhelaba encontrar una conexión profunda y significativa con alguien, parecía que el amor verdadero seguía siendo esquivo.

A pesar de sus numerosos intentos de encontrar el amor, Martín seguía sintiéndose solo y desconectado del mundo que lo rodeaba. Sabía que las mujeres que se acercaban a él no estaban interesadas en él como persona, sino en lo que podían obtener de él.

Martín comenzó a sentirse cada vez más desilusionado y desesperanzado con respecto al amor y las relaciones. Se preguntaba si alguna vez encontraría a alguien que lo amara por quien era realmente, y no por su posición social o su éxito económico.

A medida que pasaba el tiempo, Martín se dio cuenta de que necesitaba hacer un cambio en su vida si quería encontrar la felicidad y el amor verdadero. Decidió dejar de buscar validación externa y comenzar a buscar dentro de sí mismo.

Con esta nueva perspectiva, Martín se comprometió a trabajar en su autoestima y a aprender a amarse a sí mismo antes de buscar el amor en los demás. Sabía que el camino hacia la felicidad y el amor verdadero no sería fácil, pero estaba decidido a seguir adelante y encontrar la realización personal que tanto anhelaba.

Martín se encontraba sorprendido por la repentina atención que estaba recibiendo de personas que antes ni siquiera lo consideraban. Recordaba a aquellas chicas que le gustaban en la adolescencia, pero que nunca se atrevió a acercarse debido a su profunda inseguridad. Ahora, estas mismas personas comenzaban a mostrar un interés repentino en él.

Una de esas mujeres era Valeria, una antigua compañera de clase que siempre había estado fuera de su alcance. En la adolescencia, Martín admiraba en secreto a Valeria desde la distancia, pero nunca se atrevió a acercarse a ella debido a su timidez y baja autoestima.

Sin embargo, ahora que Martín había alcanzado el éxito profesional y tenía un título universitario, Valeria comenzaba a verlo con otros ojos. De repente, ella mostraba un interés evidente en él, enviándole mensajes y coqueteando abiertamente cada vez que se encontraban.

Al principio, Martín se sentía halagado por la atención de Valeria. Después de todo, ella era la chica popular y atractiva que siempre había estado fuera de su alcance. Pero pronto se dio cuenta de que el interés de Valeria no era genuino, sino que estaba más interesada en su estatus económico y su posición social que en él como persona.

Valeria sugería encuentros casuales y aventuras fugaces, insinuando que estaba interesada en una relación puramente física y sin compromisos. Martín se sentía tentado por la idea de tener una relación con alguien que antes nunca le había prestado atención, pero sabía que no podía basar su felicidad en relaciones superficiales y sin sentido.

A pesar de la tentación, Martín decidió seguir adelante y alejarse de Valeria y su interés superficial. Sabía que merecía algo más que una relación sin compromisos y sin amor, y estaba decidido a esperar hasta encontrar a alguien que lo amara por quien era realmente, y no por su éxito profesional o su posición social.

Con el tiempo, Martín se dio cuenta de que las oportunidades inesperadas de encontrar el amor verdadero estaban ahí fuera, esperándolo. Estaba decidido a mantenerse fiel a sí mismo y a sus valores, y a seguir buscando la verdadera conexión y el amor genuino que tanto anhelaba.

A medida que Martín continuaba su viaje como joven adulto en busca de amor y aceptación, se encontraba atrapado en un ciclo interminable de relaciones fugaces y superficiales. A pesar de su éxito profesional y su estabilidad económica, seguía sintiéndose solo y desconectado del mundo que lo rodeaba.

Cada vez que Martín conocía a una mujer nueva, se encontraba esperanzado de que esta vez sería diferente, que esta vez encontraría el amor verdadero y la felicidad duradera. Sin embargo, una y otra vez, se encontraba decepcionado cuando descubría que estas relaciones eran tan vacías como las anteriores.

Martín se dio cuenta de que estaba buscando el amor en los lugares equivocados. Sabía que no podía basar su felicidad en relaciones superficiales y sin sentido, pero no sabía cómo romper el ciclo y encontrar lo que realmente estaba buscando.

A pesar de sus numerosas decepciones, Martín se negaba a rendirse. Estaba decidido a seguir adelante y encontrar el amor verdadero, incluso si eso significaba enfrentarse a más desafíos y sacrificios en el camino.

Con cada decepción, Martín aprendía algo nuevo sobre sí mismo y lo que realmente quería en la vida. Se dio cuenta de que el amor verdadero no se encuentra en el éxito profesional o la estabilidad económica, sino en la conexión genuina con otra persona y la aceptación de uno mismo.

Con esta nueva perspectiva, Martín se comprometió a seguir adelante con valentía y determinación. Sabía que el camino hacia el amor verdadero no sería fácil, pero estaba dispuesto a enfrentar cualquier desafío con tal de encontrar la felicidad y la realización personal que tanto anhelaba.

Y así, con la determinación renovada y el corazón lleno de esperanza, Martín continuó su búsqueda de amor y aceptación, sabiendo que algún día encontraría lo que estaba buscando y que valdría la pena cada paso del camino.

Capítulo 3 : El despertar de la conciencia

Martín se encontraba sumergido en un torbellino de emociones al conocer a Elena. Desde el momento en que sus miradas se cruzaron, hubo una conexión instantánea entre ellos. Compartían intereses similares, disfrutaban de los mismos lugares y compartían sueños y aspiraciones para el futuro.

Con cada encuentro, Martín se sentía más atraído por Elena. Juntos, vivieron momentos de pura felicidad y dicha. Paseaban por el parque tomados de la mano, se reían de las mismas bromas y compartían conversaciones profundas hasta altas horas de la noche.

Después de unos meses de noviazgo, Martín y Elena tomaron la decisión de dar el siguiente paso y mudarse juntos. Estaban emocionados por comenzar esta nueva etapa de sus vidas juntos, convencidos de que su amor solo crecería más fuerte con el tiempo.

Durante los primeros meses de noviazgo, Martín y Elena disfrutaron de la vida juntos. Cocinaban juntos, iban al cine, y planificaban aventuras futuras. Todo parecía perfecto, y Martín se sentía increíblemente afortunado de haber encontrado a alguien como Elena.

Cada día, Martín se encontraba más enamorado de Elena. Admiraba su ternura, su inteligencia y su sentido del humor. Para él, Elena era la persona con la que siempre había soñado, y no podía imaginar su vida sin ella.

A medida que su relación crecía, Martín y Elena se apoyaban mutuamente en todas las áreas de sus vidas. Se convertían en el mejor apoyo del otro en los momentos difíciles y celebraban juntos cada logro y victoria.

Martín estaba convencido de que había encontrado el amor verdadero en Elena. Estaba emocionado por lo que el futuro les deparaba juntos y se sentía infinitamente agradecido por tenerla a su lado. Para él, Elena era todo lo que siempre había buscado en una pareja y más.

A medida que el tiempo pasaba, Martín y Elena seguían profundamente enamorados el uno del otro. Sin embargo, comenzaron a surgir pequeñas diferencias entre ellos, como si ya no compartieran los mismos gustos y pasiones que al principio de su relación.

A pesar de estas diferencias, Martín y Elena continuaban con su vida juntos, tratando de superar los obstáculos que se les presentaban. Martín asumió mayores responsabilidades económicas en la convivencia debido a que ganaba más dinero que Elena. Aunque esto nunca fue un problema para él, comenzó a darse cuenta de que las finanzas del hogar recaían en su mayoría sobre sus hombros.

Martín se esforzaba por satisfacer todas las necesidades de la convivencia y asegurarse de que nunca faltara nada en su hogar. Sin embargo, a medida que pasaba el tiempo, comenzó a sentir el peso de esta responsabilidad sobre sus hombros. Se encontraba cada vez más estresado por tener que ocuparse de todos los aspectos financieros de la relación, mientras que Elena parecía disfrutar de una mayor libertad y menos responsabilidades.

A pesar de estas tensiones, Martín se negaba a dejar que afectaran su relación con Elena. Estaba decidido a hacer todo lo posible para mantener viva la chispa entre ellos y superar cualquier obstáculo que se interpusiera en su camino.

Sin embargo, poco a poco, Martín comenzó a sentir que sus propias necesidades y deseos estaban siendo relegados a un segundo plano. Se daba cuenta de que se estaba sacrificando demasiado por el bienestar de la relación, mientras que Elena parecía estar más centrada en sus propios gustos y deseos personales.

A pesar de estos desafíos, Martín seguía amando a Elena con todo su corazón y estaba dispuesto a hacer cualquier sacrificio necesario por su relación. Pero a medida que las diferencias entre ellos seguían creciendo, Martín comenzó a cuestionarse si realmente estaban en la misma sintonía y si su amor podría superar todas las pruebas que se les presentaban.

A medida que el tiempo pasaba, las diferencias entre Martín y Elena comenzaron a hacerse más evidentes. Lo que antes eran pequeñas discrepancias ahora parecían ser grietas que se ampliaban lentamente entre ellos.

Martín notaba cómo sus gustos y intereses ya no coincidían tanto con los de Elena. Mientras él prefería pasar tiempo en casa o disfrutar de actividades tranquilas juntos, Elena comenzaba a salir más frecuentemente con sus amigas, dejándolo a él solo en casa.

Al principio, Martín intentaba no preocuparse demasiado por estas diferencias. Pensaba que era normal que cada uno tuviera sus propios intereses y hobbies, y confiaba en que su amor por Elena sería suficiente para superar cualquier obstáculo.

Sin embargo, a medida que pasaba el tiempo, Martín comenzaba a sentirse cada vez más solo y desconectado de Elena. Se daba cuenta de que ya no compartían las mismas conversaciones profundas ni disfrutaban de la misma conexión emocional que solían tener.

Por otro lado, Elena parecía estar cada vez más distante y desinteresada en mantener la intimidad y la complicidad que una vez compartieron. Se mostraba más enfocada en sus propios intereses y actividades, dejando a Martín sintiéndose abandonado y desplazado.

Martín intentaba hablar con Elena sobre sus preocupaciones, pero ella parecía estar menos interesada en resolver los problemas que surgían entre ellos. Sus conversaciones se volvían cada vez más superficiales y evitaban abordar los temas difíciles que realmente importaban.

A medida que la brecha entre Martín y Elena seguía creciendo, Martín comenzó a cuestionarse si realmente estaban destinados a estar juntos. Se sentía atrapado en una relación que ya no le brindaba la felicidad y la satisfacción que una vez tuvo, y se preguntaba si era hora de seguir adelante y buscar un camino diferente para su vida.

El dolor y la confusión se apoderaron del corazón de Martín cuando descubrió la traición de Elena. Durante semanas, había sentido una sensación incómoda en el fondo de su mente, un presentimiento de que algo no estaba bien en su relación. Pero nunca imaginó que la verdad sería tan devastadora.

Un día, mientras navegaba por su computadora en busca de una receta para la cena, Martín tropezó accidentalmente con una conversación en línea entre Elena y otro hombre. Lo que leyó lo dejó atónito y con el corazón destrozado.

Era evidente que Elena estaba teniendo una aventura emocional con alguien más. Las palabras dulces y los mensajes coquetos intercambiados entre ellos eran una prueba irrefutable de su traición.

Martín se sintió abrumado por una mezcla de emociones: ira, tristeza, confusión. No podía entender cómo alguien a quien había amado y confiado tanto podía traicionarlo de esta manera.

Cada recuerdo compartido con Elena ahora estaba teñido por la sombra de la traición. Se preguntaba cuánto tiempo había estado sucediendo esto detrás de su espalda, y por qué Elena nunca había tenido el coraje de enfrentarlo y decirle la verdad.

El dolor de la traición lo consumía, haciéndolo cuestionar todo lo que había creído sobre el amor y la confianza. Se sentía perdido y desorientado, sin saber qué hacer a continuación. ¿Debería confrontar a Elena y exigir respuestas? ¿O debería simplemente alejarse y dejarla atrás para siempre?

Mientras luchaba por procesar la traición de Elena, Martín se enfrentaba a una tormenta de emociones contradictorias. Por un lado, sentía una profunda tristeza y decepción por haber sido traicionado por la persona en la que más confiaba. Pero también sentía una punzada de ira y resentimiento hacia Elena por haberlo engañado de esta manera.

El dolor de la traición se apoderó de él, dejándolo en un estado de confusión y desesperación. No sabía cómo seguir adelante, cómo superar este dolor abrumador que amenazaba con consumirlo por completo. Solo sabía una cosa: las cosas ya no volverían a ser como antes.

La vida de Martín dio un giro inesperado cuando recibió la noticia de que había sido despedido de su trabajo. Durante años, había dedicado su tiempo y esfuerzo a su carrera profesional, alcanzando logros significativos y construyendo una reputación en su campo. Pero ahora, de repente, se encontraba sin empleo y sin rumbo en la vida.

El despido de Martín llegó en un momento especialmente difícil, ya que el país estaba sumido en una profunda crisis económica. Las empresas estaban cerrando, las oportunidades de empleo eran escasas y la competencia por los pocos puestos de trabajo disponibles era feroz.

Martín se encontraba en una situación desesperada. Con una hipoteca que pagar, facturas acumulándose y una familia que mantener, la perspectiva de quedarse sin ingresos era aterradora. Se sentía abrumado por la incertidumbre y la ansiedad, sin saber cómo enfrentar el futuro incierto que se avecinaba.

La crisis económica que había golpeado al país también afectó profundamente a la relación de Martín con Elena. Las tensiones financieras y la incertidumbre sobre el futuro pusieron a prueba su vínculo, exponiendo grietas en su relación que antes habían pasado desapercibidas.

Martín y Elena comenzaron a discutir con más frecuencia, frustrados por la presión y el estrés de la situación. Las preocupaciones sobre el dinero y el empleo se interponían entre ellos, creando una brecha emocional que parecía cada vez más difícil de superar.

A medida que la crisis económica se intensificaba, Martín se encontraba cada vez más aislado y desesperado. Se sentía impotente ante las circunstancias que estaban fuera de su control, sin saber cómo encontrar una salida a la situación desesperada en la que se encontraba.

En medio del caos y la incertidumbre, Martín se aferraba a la esperanza de que algún día encontraría una solución a sus problemas y podría volver a encarrilar su vida. Pero por ahora, la crisis económica que lo rodeaba parecía haberle arrebatado toda esperanza de un futuro mejor.

A medida que la crisis económica se intensificaba y la presión financiera aumentaba, la relación entre Martín y Elena comenzaba a resquebrajarse. Elena, incapaz de soportar la tensión y la incertidumbre de la situación, mostró su verdadero rostro.

En lugar de apoyar a Martín en su momento de necesidad, Elena comenzó a distanciarse emocionalmente. Sus muestras de afecto se volvieron escasas y distantes, y sus conversaciones se volvieron cada vez más tensas y llenas de reproches.

Martín intentaba desesperadamente mantener la relación a flote, aferrándose a la esperanza de que juntos podrían superar cualquier obstáculo que se interpusiera en su camino. Pero Elena parecía haber perdido toda fe en su futuro juntos.

Finalmente, un día, Elena tomó una decisión que rompió el corazón de Martín en mil pedazos: decidió poner fin a su relación y separarse. Argumentó que no podía soportar la incertidumbre y el estrés de la situación, y que necesitaba espacio para pensar en su propio futuro.

Martín se quedó aturdido y devastado por la noticia. Durante años, había compartido su vida con Elena, confiando en ella y creyendo en su amor. Ahora, de repente, se encontraba solo, enfrentándose a un futuro incierto sin la persona que había sido su apoyo y su compañera durante tanto tiempo.

La ruptura con Elena dejó a Martín sintiéndose más solo y perdido que nunca. No solo había perdido su trabajo y su estabilidad financiera, sino también el amor y el apoyo de la persona que más quería en el mundo.

A medida que procesaba el dolor de la ruptura, Martín se enfrentaba a una nueva realidad: la de reconstruir su vida desde cero, sin la seguridad y la estabilidad que había conocido antes. Pero a pesar del dolor y la desesperación que lo consumían, Martín sabía que debía encontrar la fuerza para seguir adelante y enfrentar los desafíos que se avecinaban.

Después de la dolorosa ruptura con Elena y enfrentar la devastadora crisis económica, Martín se sumió en un período de profunda reflexión y autoexploración. La oscuridad de la soledad y el dolor lo envolvía, pero también le brindaba la oportunidad de enfrentarse a sí mismo y a sus elecciones pasadas.

Durante largas noches de insomnio, Martín se encontraba perdido en sus propios pensamientos, cuestionando cada aspecto de su vida. Se preguntaba si había tomado las decisiones correctas, si había priorizado adecuadamente sus valores y si había encontrado la verdadera felicidad en sus logros profesionales y materiales.

Con el tiempo, Martín llegó a una dolorosa pero liberadora realización: había estado buscando la validación externa en lugar de encontrar la verdadera felicidad dentro de sí mismo. Había pasado años tratando de llenar el vacío emocional con logros profesionales, estatus social y relaciones superficiales, pero se dio cuenta de que ninguna de esas cosas podía sustituir el amor verdadero y la conexión humana.

Se dio cuenta de que había estado vendiendo una versión superficial de sí mismo para obtener la validación de los demás, en lugar de mostrarse tal como era en realidad. Había estado buscando el amor y la felicidad en todas las cosas equivocadas, sin darse cuenta de que siempre habían estado dentro de él.

Con esta nueva conciencia, Martín comenzó a reconstruir su vida sobre una base más sólida y auténtica. Se comprometió a priorizar su bienestar emocional y su conexión con los demás sobre el éxito profesional y el estatus social. Aprendió a valorarse a sí mismo por quien era, no por lo que tenía o lo que lograba.

A medida que se sumergía más en su viaje de autoexploración, Martín comenzó a experimentar una sensación de paz y plenitud que nunca había sentido antes. Se dio cuenta de que la verdadera felicidad no residía en las posesiones materiales o los logros externos, sino en la conexión profunda consigo mismo y con los demás.

Y así, Martín comenzó un nuevo capítulo en su vida, uno marcado por la autenticidad, la vulnerabilidad y el amor propio. Sabía que el camino hacia la verdadera felicidad no sería fácil, pero estaba decidido a recorrerlo con valentía y determinación, sabiendo que al final del día, lo más importante era el amor que tenía por sí mismo y por los demás.

Capítulo 4: La transformación interior

Después de la dolorosa ruptura con Elena, Martín se vio obligado a enfrentar la realidad de que su relación había llegado a su fin. Aunque le llevó mucho tiempo aceptarlo y sanar las heridas emocionales que dejó atrás, finalmente comprendió que era hora de cerrar ese capítulo de su vida y seguir adelante.

Mirando hacia atrás, Martín reflexionó sobre su relación con Elena y lo que había aprendido de ella. Se dio cuenta de que, a pesar de los momentos felices que habían compartido juntos, su conexión nunca fue verdaderamente profunda o significativa. Elena siempre pareció más interesada en su estatus económico y social que en él como persona, y eso finalmente le costó la relación.

Aunque le dolía reconocerlo, Martín entendió que había estado aferrándose a una ilusión de amor que nunca fue real. Elena había seguido adelante rápidamente, encontrando a alguien nuevo que parecía ofrecerle todo lo que él no podía. Pero Martín sabía en lo más profundo de su corazón que la verdadera felicidad no se encontraba en las posesiones materiales o el estatus social, sino en la autenticidad y la conexión genuina con otra persona.

Aunque la pérdida de Elena había sido dolorosa, también fue liberadora. Por primera vez en mucho tiempo, Martín se sentía libre de las expectativas y las presiones externas, libre de perseguir un amor que nunca había sido realmente suyo. Estaba listo para dejar atrás el pasado y embarcarse en un nuevo viaje de autoexploración y crecimiento personal.

Y así, con el cierre de este capítulo de su vida, Martín se preparaba para lo que vendría a continuación: un viaje de transformación interior que lo llevaría a descubrir su verdadero yo y a encontrar el amor y la felicidad que siempre había buscado.

Después de la dolorosa separación de Elena, Martín se encontraba en un estado de introspección profunda. Se dio cuenta de que su felicidad y su bienestar emocional no podían depender de otra persona, sino que debían surgir desde dentro de sí mismo. Decidió comprometerse con un viaje de autodescubrimiento y amor propio.

Para Martín, cultivar el amor propio implicaba aceptarse a sí mismo en todas sus facetas: tanto sus cualidades positivas como sus defectos. Aprendió a valorar sus logros y a reconocer sus esfuerzos, sin menospreciarse por sus fallos. Comenzó a practicar la autocompasión, tratándose a sí mismo con amabilidad y comprensión en lugar de autocrítica y juicio.

Uno de los aspectos más importantes del viaje de Martín hacia el amor propio fue aprender a establecer límites saludables en sus relaciones. Reconoció que no tenía que complacer a los demás todo el tiempo y que decir "no" cuando era necesario no lo hacía egoísta, sino cuidadoso consigo mismo. Aprendió a priorizar su bienestar emocional y a respetar sus propias necesidades.

Martín también se dedicó a cuidar su bienestar físico, incorporando prácticas como el ejercicio regular, la alimentación saludable y la meditación en su rutina diaria. Estas actividades no solo fortalecieron su cuerpo, sino que también contribuyeron a su bienestar mental y emocional.

A medida que Martín avanzaba en su viaje de amor propio, comenzó a notar cambios significativos en su vida. Se sentía más seguro de sí mismo y más en paz consigo mismo. Ya no buscaba constantemente la validación externa, sino que confiaba en su propio juicio y se sentía seguro en su piel.

La práctica constante del amor propio no solo benefició a Martín, sino que también influyó positivamente en sus relaciones con los demás. Se volvió más abierto y auténtico en sus interacciones, lo que le permitió establecer conexiones más profundas y significativas con las personas que lo rodeaban.

En resumen, el viaje de Martín hacia el amor propio fue una experiencia transformadora que lo llevó a un mayor nivel de felicidad y plenitud. Aprendió a valorarse a sí mismo por quien era, no por lo que tenía, y encontró la verdadera felicidad dentro de sí mismo.

A medida que Martín continuaba su viaje de autodescubrimiento, se encontraba rodeado de personas que valoraban su autenticidad y genuinidad. Encontró consuelo y apoyo en sus amigos y familiares, quienes lo amaban por quien era, sin importar su estatus económico o profesional. Estas relaciones auténticas le recordaron a Martín que el verdadero amor y la felicidad surgían de la conexión profunda y significativa con los demás.

Martín se sintió agradecido por tener personas en su vida que lo aceptaban sin reservas, sin juzgarlo por sus errores o imperfecciones. Con estas personas, pudo ser él mismo sin temor a ser rechazado o criticado. Aprendió a abrirse y compartir sus pensamientos y emociones de manera honesta y sincera, sabiendo que sería recibido con amor y comprensión.

A medida que profundizaba sus relaciones con los demás, Martín experimentaba una sensación de plenitud y satisfacción que nunca había conocido antes. Descubrió que el verdadero amor no se trataba de encontrar a alguien que cumpliera con ciertas expectativas o criterios, sino de conectar con alguien en un nivel profundo y significativo.

Martín se dio cuenta de que las relaciones genuinas eran aquellas en las que podía ser su verdadero yo, sin tener que fingir ser alguien que no era. Estas relaciones estaban basadas en la confianza mutua, la honestidad y el respeto, y eran mucho más satisfactorias que las relaciones superficiales que había tenido en el pasado.

A medida que Martín cultivaba conexiones más auténticas en su vida, comenzó a experimentar un sentido renovado de alegría y gratitud. Se dio cuenta de que la verdadera felicidad no se encontraba en la cantidad de amigos que tenía o en la popularidad social, sino en la calidad de las relaciones que había cultivado.

Martín se comprometió a seguir buscando conexiones genuinas en su vida, priorizando la autenticidad y la sinceridad en todas sus interacciones. Aprendió a valorar el tiempo que pasaba con las personas que realmente lo apreciaban y lo amaban por quien era, y se comprometió a nutrir esas relaciones con cuidado y atención.

En resumen, Martín descubrió que el verdadero amor y la felicidad surgían de las conexiones genuinas y auténticas con los demás. A medida que seguía su viaje de autodescubrimiento, encontraba consuelo y alegría en las relaciones significativas que había cultivado, sabiendo que eran ellas las que realmente llenaban su corazón de felicidad.

La soledad se convirtió en la compañera constante de Martín después de su separación con Elena. Al principio, la ausencia de su pareja y la falta de compañía le resultaban abrumadoras. Se sentía perdido y vacío, sin saber qué hacer con su tiempo libre.

Sin embargo, con el paso del tiempo, Martín comenzó a apreciar los momentos de soledad como oportunidades para conocerse a sí mismo más profundamente y para reflexionar sobre su vida y sus prioridades.

Durante esos momentos de soledad, Martín se sumergió en actividades que lo ayudaban a reconectar consigo mismo. Pasaba horas leyendo libros que lo inspiraban y lo motivaban a seguir adelante. También se dedicaba a practicar la meditación y la introspección, explorando sus pensamientos y emociones más profundos.

La soledad le brindaba a Martín la oportunidad de reflexionar sobre sus experiencias pasadas y de aprender de sus errores. Se dio cuenta de que había pasado demasiado tiempo buscando la validación externa y que había descuidado su relación consigo mismo en el proceso. Ahora, se comprometió a priorizarse a sí mismo y a centrarse en su propio bienestar y felicidad.

A pesar de los momentos difíciles, Martín encontró belleza y significado en la soledad. Aprendió a disfrutar de los pequeños placeres de la vida, como pasear por el parque en una tranquila mañana de domingo o contemplar el atardecer desde la ventana de su apartamento. Estos momentos simples pero significativos le recordaban que la verdadera felicidad no residía en las posesiones materiales o en las relaciones externas, sino en la apreciación de las pequeñas cosas de la vida.

La soledad también le brindó a Martín la oportunidad de trabajar en su crecimiento personal y desarrollo emocional. Se permitió sentir y procesar sus emociones de una manera saludable, sin reprimir ni ignorar lo que estaba sintiendo. Aprendió a ser compasivo consigo mismo y a perdonarse por sus errores pasados, sabiendo que el perdón era el primer paso hacia la sanación y la renovación.

En resumen, la soledad se convirtió en una herramienta poderosa para el crecimiento y la transformación de Martín. A través de la reflexión, la introspección y la autoaceptación, encontró la fuerza y la claridad necesarias para seguir adelante con su vida. Aprendió a valorar los pequeños momentos y a encontrar belleza en la simplicidad, reconociendo que la verdadera felicidad residía en su interior.

Martín se encontraba disfrutando de una agradable cena con algunos amigos en su restaurante favorito cuando, de repente, vio a alguien familiar entrar por la puerta. Para su sorpresa, era Elena, su ex pareja, acompañada de un hombre que no había visto antes. Martín sintió un torbellino de emociones mientras observaba a Elena de lejos. Por un momento, su corazón se aceleró y una sensación de incomodidad lo invadió, pero rápidamente se recordó a sí mismo que ya habían seguido caminos separados.

A medida que observaba a Elena interactuar con su nueva pareja, Martín notó que algo había cambiado en ella. Ya no la veía con los mismos ojos de antes; su atractivo físico ya no lo afectaba de la misma manera. En cambio, comenzó a verla con una nueva perspectiva, una más clara y objetiva.

Martín reflexionó sobre su relación pasada con Elena y se dio cuenta de cuánto había cambiado desde entonces. Antes, la veía como el epítome de la belleza y la perfección, pero ahora, veía más allá de su apariencia física y reconocía las cualidades superficiales que antes había pasado por alto.

Al observar a Elena interactuar con su nueva pareja, Martín notó que ella parecía estar buscando algo diferente en esta relación. Sus conversaciones eran superficiales y carentes de profundidad, centradas en temas triviales y mundanos. Martín se dio cuenta de que Elena seguía aferrada a un estilo de vida materialista y superficial, buscando la validación externa en lugar de la conexión emocional genuina.

A pesar de la sorpresa inicial de encontrarse con Elena, Martín se sintió tranquilo y en paz consigo mismo. Ya no sentía el impulso de compararse con su ex pareja o de buscar su aprobación. Había avanzado mucho desde su separación y había encontrado una nueva perspectiva sobre lo que realmente valoraba en la vida.

Al final de la noche, Martín se despidió de sus amigos con una sonrisa en el rostro y un sentimiento de gratitud en el corazón. Había aprendido una lección importante sobre la importancia de seguir su propio camino y de no dejarse llevar por las expectativas externas. Estaba listo para continuar su viaje de autodescubrimiento con renovada determinación y confianza en sí mismo.

Martín reflexionó sobre su viaje hasta el momento y se sintió agradecido por todas las experiencias que había atravesado. Cada obstáculo, cada desafío y cada momento difícil había contribuido a su crecimiento y desarrollo personal. Aunque había pasado por momentos de dolor y confusión, ahora podía ver el valor de cada experiencia en su vida.

Comprendió que el camino hacia la autoaceptación y el perdón no siempre era fácil, pero era necesario para su crecimiento y bienestar emocional. Reconoció que había cometido errores en el pasado y había herido a personas en el camino, pero también había aprendido lecciones importantes de esas experiencias.

Martín se comprometió a vivir cada día con gratitud y apreciación por las oportunidades que se le presentaban. Se prometió a sí mismo ser compasivo consigo mismo y con los demás, y a aprender de cada experiencia, ya sea positiva o negativa.

A medida que avanzaba en su viaje de autodescubrimiento, Martín se sintió cada vez más en paz consigo mismo y con el mundo que lo rodeaba. Había dejado atrás el resentimiento y la amargura del pasado y había encontrado la libertad en el perdón y la aceptación.

Mirando hacia el futuro, Martín estaba emocionado por las posibilidades que se abrían ante él. Sabía que habría más desafíos y obstáculos en el camino, pero ahora se sentía más preparado para enfrentarlos con valentía y determinación.

Se comprometió a vivir una vida auténtica y significativa, centrada en sus valores y en lo que realmente era importante para él. Sabía que había encontrado su verdadero camino y estaba decidido a seguirlo con todo su corazón.

Con una sensación de gratitud y optimismo, Martín se despidió del pasado y miró hacia el futuro con esperanza y confianza. Estaba listo para enfrentar lo que viniera con coraje y determinación, sabiendo que cada paso en su viaje de autodescubrimiento lo llevaría más cerca de la felicidad y la realización personal.

Capítulo 5: El renacer del amor propio

Martín se encontraba inmerso en un profundo proceso de autoexploración y búsqueda de respuestas. A pesar de todos sus esfuerzos por comprender por qué su vida seguía repitiendo los mismos patrones, aún se sentía perdido y confundido. ¿Por qué parecía atraer constantemente las mismas experiencias y relaciones superficiales?

En medio de sus reflexiones, una serie de eventos fortuitos lo llevaron a encontrarse con Mireya, una mujer mayor y sabia que parecía irradiar una energía tranquilizadora y reconfortante. Martín sintió una conexión instantánea con ella, como si el universo mismo la hubiera enviado para guiarlo en su camino de autodescubrimiento.

Mireya escuchó atentamente mientras Martín compartía sus preocupaciones y sus interrogantes sobre su vida y sus relaciones. Con una sonrisa comprensiva, le habló sobre la importancia del amor propio y cómo este era el fundamento de todas las relaciones significativas en la vida.

"Querido Martín", comenzó Mireya con voz suave pero firme, "el amor propio es el cimiento sobre el cual construyes tu vida. Si no te amas a ti mismo, ¿cómo puedes esperar que otros te amen de verdad?".

Las palabras de Mireya resonaron profundamente en el corazón de Martín. Por primera vez en mucho tiempo, comenzó a comprender que su incapacidad para establecer límites saludables y su búsqueda constante de validación externa estaban impidiendo que encontrara la verdadera felicidad y el amor auténtico.

A medida que continuaban hablando, Mireya compartió sabias enseñanzas sobre la importancia de establecer intenciones claras y alinearse con la energía del universo. Le recordó a Martín que cada experiencia en su vida, por dolorosa que pudiera ser, tenía un propósito y una lección que aprender.

Martín se sintió inspirado por las palabras de Mireya y se comprometió a comenzar un viaje de amor propio y autoaceptación. Reconoció que había llegado el momento de dejar atrás las viejas creencias limitantes y abrazar su verdadero poder como co-creador de su propia realidad.

Al despedirse de Mireya, Martín sintió un renovado sentido de esperanza y determinación. Sabía que el camino hacia el amor propio no sería fácil, pero estaba listo para enfrentar cualquier desafío que se presentara en su búsqueda de autenticidad y plenitud.

Con el tiempo, los encuentros con Mireya se convirtieron en una parte importante del viaje de autodescubrimiento de Martín. Cada conversación con ella era como una luz en la oscuridad, guiándolo hacia una mayor comprensión de sí mismo y del mundo que lo rodeaba.

En una de esas conversaciones profundas, Martín finalmente encontró el coraje para abordar una de las preguntas que lo habían atormentado durante mucho tiempo: ¿por qué seguía atrayendo a personas interesadas y relaciones superficiales a su vida?

Mireya escuchó con atención mientras Martín compartía sus pensamientos más profundos y sus temores más profundos. Lentamente, las piezas del rompecabezas comenzaron a encajar en su lugar, revelando una verdad incómoda pero liberadora.

"Querido Martín", dijo Mireya con una mirada compasiva en sus ojos sabios, "a menudo atraemos a nuestras vidas lo que más tememos o lo que más deseamos evitar. Nuestros pensamientos y emociones más profundos tienen el poder de crear nuestra realidad, incluso cuando no somos conscientes de ellos".

Martín se quedó en silencio por un momento, dejando que las palabras de Mireya se hundieran en su corazón. Recordó cómo había observado las relaciones de sus hermanos mayores y cómo estas habían dejado una marca indeleble en su mente y en su alma. Se dio cuenta de que, de alguna manera, había internalizado esos mismos patrones y creencias sobre el amor y las relaciones.

"Entonces, ¿estás diciendo que he estado atrayendo estas relaciones superficiales a mi vida todo este tiempo?", preguntó Martín con incredulidad.

Mireya asintió con una suave sonrisa. "Así es, querido Martín. Pero ahora que eres consciente de ello, tienes el poder de cambiarlo. Puedes comenzar a reprogramar tu mente y tus emociones para atraer relaciones más auténticas y significativas a tu vida".

Las palabras de Mireya resonaron en lo más profundo de Martín. Comprendió que el primer paso para romper esos patrones repetitivos era reconocer y aceptar su papel en su creación. A partir de ese momento, se comprometió a trabajar en su crecimiento personal y a elevar su vibración para atraer experiencias más positivas y amorosas.

Con una sensación de liberación y esperanza renovada, Martín se despidió de Mireya esa noche, sabiendo que había encontrado una nueva dirección en su viaje hacia el amor propio y la autenticidad.

A medida que Martín profundizaba en su proceso de autoexploración, comenzó a reflexionar sobre las creencias arraigadas que habían moldeado su percepción del amor y las relaciones desde una edad temprana. En particular, se dio cuenta de cómo las dinámicas familiares y las creencias de género habían influido en sus patrones de pensamiento y comportamiento.

Recordó las historias que había escuchado sobre sus antepasados, donde el papel del hombre como proveedor principal del hogar estaba fuertemente marcado. En estas narrativas familiares, el orgullo masculino estaba estrechamente ligado a la capacidad de proveer y proteger a la familia, mientras que se esperaba que las mujeres desempeñaran un papel secundario y se centraran en el cuidado del hogar y la familia.

Estas creencias patriarcales habían dejado una profunda impresión en la mente de Martín, moldeando su visión del amor y las relaciones de manera inconsciente. Se dio cuenta de que, sin darse cuenta, había internalizado la idea de que su valía como hombre estaba directamente relacionada con su capacidad para proveer y ser exitoso en el mundo exterior.

Sin embargo, al profundizar en estas creencias arraigadas, Martín comenzó a cuestionar su validez y su relevancia en el mundo moderno. Se dio cuenta de que el verdadero amor y la felicidad no podían reducirse a roles de género predefinidos, sino que surgían de una conexión auténtica y de un compromiso mutuo basado en el respeto y la igualdad.

Al perdonar el pasado de sus ancestros y liberarse de las expectativas limitantes impuestas por las normas sociales y de género, Martín experimentó una sensación de liberación y empoderamiento. Se dio cuenta de que era libre de definir su propio camino en el amor y las relaciones, sin verse limitado por las expectativas externas o las creencias heredadas.

Con cada paso que daba en su viaje hacia el autoconocimiento y la autenticidad, Martín se sentía más seguro de sí mismo y más capaz de crear la vida y las relaciones que realmente deseaba. Reconoció que el perdón y la comprensión del pasado eran fundamentales para liberarse del miedo y abrirse a nuevas posibilidades de amor y conexión genuina.

Después de profundizar en su proceso de reflexión y autoexploración, Martín llegó a una poderosa comprensión: no había culpables en sus fracasos amorosos. A medida que revisaba su pasado y examinaba sus relaciones pasadas, se dio cuenta de que cada experiencia había sido una oportunidad de aprendizaje y crecimiento, tanto para él como para sus parejas.

Comprendió que, en lugar de señalar con el dedo o culpar a los demás por sus decepciones amorosas, era importante asumir la responsabilidad de sus propias elecciones y acciones. Reconoció que había sido él quien había atraído a personas con energías y vibraciones similares a las suyas, lo que había contribuido a la dinámica de sus relaciones.

Al comprender esta verdad fundamental, Martín dejó de cargar con el peso del resentimiento y la culpa. En lugar de ello, optó por perdonarse a sí mismo y a sus antiguas parejas por cualquier dolor o decepción que hubieran experimentado juntos. Reconoció que cada relación había sido una pieza importante en su viaje de autodescubrimiento y crecimiento personal.

Esta comprensión liberadora le permitió a Martín soltar cualquier resentimiento o amargura que pudiera haber albergado hacia sus ex parejas. En su lugar, eligió enfocarse en el perdón y la gratitud por las lecciones aprendidas y las experiencias compartidas. Reconoció que cada relación, ya sea exitosa o fallida, había contribuido a su crecimiento y desarrollo como individuo.

Al liberarse del peso del pasado y dejar de culpar a los demás por sus problemas, Martín experimentó una sensación renovada de paz y claridad. Se sintió liberado para seguir adelante con su vida sin arrastrar el peso de las experiencias pasadas. En su lugar, optó por enfocarse en el presente y en crear un futuro basado en la autenticidad, el amor propio y la conexión genuina con los demás.

Con el amor propio como su guía y su brújula interna, Martín comenzó a experimentar un profundo renacimiento en todas las áreas de su vida. A medida que cultivaba una relación más amorosa y compasiva consigo mismo, comenzó a notar cambios significativos en su realidad externa.

El aumento de su amor propio se reflejaba en su energía y vitalidad diarias. Se sentía más motivado y lleno de entusiasmo para enfrentar cada nuevo día. Sus niveles de confianza y autoestima se elevaron, lo que le permitió abordar desafíos con una actitud positiva y resiliente.

A medida que Martín comenzaba a irradiar una energía más positiva y poderosa, notó que su situación económica también comenzaba a mejorar. Se sintió inspirado para buscar nuevas oportunidades laborales y profesionales que estuvieran alineadas con sus pasiones y talentos.

Pronto, Martín comenzó a recibir ofertas de trabajo que estaban por encima de sus expectativas. Se le presentaron oportunidades para roles más prominentes y mejor remunerados en su campo profesional. Gracias a su nueva confianza y determinación, se destacó en entrevistas y negociaciones, asegurando condiciones laborales que reflejaban su valía y experiencia.

Con cada paso adelante en su carrera, Martín se sentía más seguro y empoderado. Reconoció que su crecimiento profesional no solo estaba relacionado con sus habilidades y conocimientos, sino también con su transformación interna. Su amor propio y su confianza en sí mismo eran el cimiento sobre el cual construía su éxito y prosperidad.

A medida que avanzaba en su camino hacia el autodescubrimiento y la realización personal, Martín se comprometió a seguir cultivando su amor propio y a vivir desde un lugar de autenticidad y plenitud. Se dio cuenta de que el verdadero poder residía en su capacidad para amarse a sí mismo y confiar en su propio valor, independientemente de las circunstancias externas.

Con su corazón lleno de amor propio y gratitud, Martín se embarcó en un viaje para fortalecer sus relaciones interpersonales y construir lazos más profundos y significativos con aquellos que lo rodeaban. Reconoció que el amor y la conexión eran la verdadera esencia de la vida y se comprometió a nutrir esos vínculos con cuidado y atención.

Una de las áreas en las que Martín comenzó a enfocarse fue en cultivar amistades más genuinas y enriquecedoras. Se acercó a personas que compartían sus valores y aspiraciones, y se comprometió a construir relaciones basadas en la confianza, el apoyo mutuo y la autenticidad. A través de conversaciones profundas y momentos compartidos, fortaleció lazos de amistad que le brindaron alegría y compañía en su viaje.

Además de sus amistades, Martín también se dedicó a mejorar sus relaciones familiares. Reconoció la importancia de sanar viejas heridas y construir puentes de amor y entendimiento con sus seres queridos. Se acercó a sus hermanos y familiares con compasión y empatía, buscando construir una base de amor y apoyo mutuo que perdurara a lo largo del tiempo.

A medida que Martín se sumergía más profundamente en sus relaciones interpersonales, experimentaba una profunda sensación de conexión y pertenencia. Se dio cuenta de que el verdadero significado de la vida residía en las relaciones que cultivaba y en el amor que compartía con los demás. Con cada abrazo, cada palabra de aliento y cada momento compartido, Martín encontraba una mayor plenitud y satisfacción en su vida.

Al fortalecer sus amistades y relaciones familiares, Martín se sintió más arraigado y conectado con el mundo que lo rodeaba. Reconoció que el amor y la conexión eran los pilares sobre los cuales construía su vida, y se comprometió a seguir nutriendo esas relaciones con amor, gratitud y aceptación incondicional. Encontró un profundo sentido de paz y plenitud al saber que estaba rodeado de amor y apoyo en cada paso de su viaje.

Con María a su lado, Martín experimentó una sensación de plenitud que nunca había conocido antes. Se dio cuenta de que el verdadero amor no se trataba de encontrar a alguien perfecto, sino de encontrar a alguien con quien pudiera compartir sus alegrías y enfrentar sus desafíos.

Juntos, Martín y María formaron un equipo fuerte y solidario que estaba listo para enfrentar lo que fuera que la vida les deparara. Aprendieron a apoyarse mutuamente en los momentos difíciles y a celebrar juntos los triunfos y logros.

Martín se sintió agradecido por haber encontrado a alguien que lo amaba incondicionalmente y lo aceptaba tal como era. Con María a su lado, se sintió capaz de enfrentar cualquier obstáculo que se interpusiera en su camino y estaba emocionado por lo que el futuro les deparaba.

A medida que avanzaban juntos en su viaje, Martín continuó aprendiendo y creciendo, tanto como individuo como en su relación con María. Se dio cuenta de que el amor verdadero era un viaje de crecimiento mutuo, donde ambos se comprometían a ser lo mejor posible el uno para el otro.

Con María a su lado, Martín se sintió seguro y confiado en sí mismo. Sabía que, pase lo que pase, siempre tendría a alguien a su lado que lo amaba incondicionalmente y que estaba dispuesto a enfrentar los desafíos de la vida junto a él.

En el amor verdadero que encontró con María, Martín descubrió una nueva forma de ser feliz y realizado. Se dio cuenta de que el verdadero amor no solo estaba en encontrar a alguien especial, sino en construir una vida significativa y llena de amor juntos. Y con María a su lado, estaba listo para enfrentar el futuro con esperanza y determinación.

Capítulo 6: La verdadera conexión

En medio de su búsqueda de autodescubrimiento, Martín se encontró con María de una manera inesperada y fortuita. Fue en una tarde soleada, mientras paseaba por el parque, que sus miradas se cruzaron y el destino los unió en un encuentro que cambiaría el curso de sus vidas.

María irradiaba una energía cálida y acogedora que atrajo de inmediato a Martín. Su sonrisa sincera y sus ojos llenos de comprensión lo hicieron sentir instantáneamente a gusto en su presencia. Sin siquiera intercambiar palabras, Martín sintió una conexión profunda y inexplicable con ella, como si hubieran estado destinados a encontrarse en ese preciso momento.

A medida que conversaban, Martín descubrió que María compartía muchos de sus valores y pasiones. Compartieron risas, sueños y experiencias de vida, creando un vínculo especial que parecía trascender el tiempo y el espacio. En medio de la charla animada y las miradas cómplices, Martín comenzó a darse cuenta de que María era mucho más que una simple conocida; era alguien con quien podía ser él mismo sin reservas ni temores.

Ese primer encuentro dejó una profunda impresión en Martín, quien se sintió emocionado y esperanzado por lo que el futuro podría deparar junto a María. Por primera vez en mucho tiempo, experimentó una sensación de alegría y plenitud que solo el verdadero amor puede brindar.

Con el paso de los días, Martín y María continuaron profundizando en su conexión. Cada encuentro era una oportunidad para explorar más a fondo sus pensamientos y sentimientos sobre el amor y la vida en general. Juntos, compartieron sus sueños, esperanzas y temores más profundos, creando un vínculo emocional cada vez más fuerte y significativo.

Martín se maravillaba de la forma en que María comprendía sus pensamientos más íntimos sin necesidad de palabras. Su capacidad para escucharlo sin juzgarlo lo hizo sentir valorado y amado de una manera que nunca antes había experimentado. María, por su parte, admiraba la sinceridad y la honestidad de Martín, encontrando en él un compañero de alma con quien podía compartir su verdadero yo sin reservas.

Juntos, reflexionaban sobre el significado del amor verdadero y la importancia de cultivar una conexión genuina basada en el respeto, la confianza y el apoyo mutuo. Reconocían que el amor no se trataba solo de emociones intensas y románticas, sino también de compromiso y voluntad de crecer juntos, incluso en los momentos difíciles.

A medida que profundizaban en su relación, Martín y María se comprometieron a construir una base sólida basada en la comunicación abierta, la comprensión y el amor incondicional. Juntos, se embarcaron en un viaje de descubrimiento mutuo, explorando las profundidades de sus corazones y encontrando en el otro un refugio seguro en medio de las tormentas de la vida.

Martín y María reconocían que la comunicación era la piedra angular de su relación. Desde el principio, se comprometieron a mantener una comunicación abierta y clara, donde pudieran expresar libremente sus pensamientos, sentimientos y preocupaciones sin miedo al juicio o la crítica.

Cada conversación era una oportunidad para fortalecer su vínculo y comprenderse mejor el uno al otro. Martín se esforzaba por escuchar activamente a María, mostrándole empatía y comprensión en todo momento. Del mismo modo, María valoraba la sinceridad y la transparencia de Martín, sintiéndose libre de compartir sus pensamientos más profundos sin reservas.

Juntos, establecieron un espacio seguro donde podían expresar sus necesidades y expectativas de manera honesta y respetuosa. Se comprometieron a resolver los conflictos de manera constructiva, buscando soluciones que beneficiaran a ambos y fortalecieran su conexión.

La comunicación abierta les permitió abordar cualquier problema o preocupación que surgiera en su relación de manera rápida y efectiva. En lugar de evitar los conflictos, Martín y María los enfrentaban de frente, trabajando juntos para encontrar soluciones que fortalecieran su vínculo en lugar de debilitarlo.

Con el tiempo, aprendieron a confiar el uno en el otro de manera inquebrantable, sabiendo que podían contar el uno con el otro en cualquier situación. Esta base sólida de comunicación les permitió construir una relación sólida y duradera, basada en el respeto mutuo, la confianza y el amor incondicional.

Para Martín, acostumbrado a ser el principal proveedor en relaciones anteriores, fue un ajuste enfrentarse a una dinámica donde María ganaba más que él. Al principio, esto generó cierta incomodidad y desafío en su autoestima, pero con el tiempo aprendió a verlo como un proceso de crecimiento personal y una oportunidad para desafiar sus propias creencias sobre el valor y el rol tradicional de género en las relaciones.

Martín se encontró reflexionando sobre su actitud hacia el dinero y la importancia que le daba al aspecto financiero en su relación. Se dio cuenta de que su autoestima no debería verse afectada por su capacidad para contribuir económicamente, y que el valor de su relación con María no dependía de quién ganara más dinero.

Con el apoyo y la comprensión de María, Martín comenzó a superar sus inseguridades y a adoptar una perspectiva más equilibrada sobre el dinero en su relación. Aprendió a valorar las contribuciones de ambos por igual, reconociendo que la verdadera riqueza no reside en la cantidad de dinero que ganan, sino en la calidad de su conexión y su capacidad para apoyarse mutuamente en todos los aspectos de la vida.

Juntos, Martín y María establecieron una comunicación abierta y transparente sobre sus finanzas, discutiendo sus metas, prioridades y responsabilidades financieras de manera constructiva. Aprendieron a trabajar en equipo para tomar decisiones financieras que beneficiaran a ambos y les permitieran construir un futuro sólido juntos.

A medida que avanzaban en su relación, Martín y María descubrieron que la igualdad financiera no solo fortalecía su vínculo, sino que también les brindaba una mayor sensación de confianza, seguridad y estabilidad en su relación. Juntos, se comprometieron a enfrentar cualquier desafío financiero que surgiera en su camino con unidad y determinación, sabiendo que su amor y apoyo mutuo eran mucho más valiosos que cualquier cantidad de dinero.

Con una sólida base de confianza y compromiso mutuo, Martín y María se embarcaron en la emocionante tarea de planificar su futuro juntos. Discutieron sus sueños, metas y aspiraciones, y comenzaron a trazar un camino hacia la realización de sus deseos compartidos.

Una de las primeras decisiones importantes que tomaron fue la de establecer un hogar juntos. Exploraron diferentes opciones y finalmente encontraron una casa que se ajustaba perfectamente a sus necesidades y gustos. Trabajar juntos para convertir esa casa en un hogar lleno de amor y felicidad se convirtió en una de sus principales prioridades.

Además de establecerse juntos, Martín y María también hablaron sobre su deseo de formar una familia. Discutieron abiertamente sobre sus expectativas, deseos y preocupaciones con respecto a la paternidad, y llegaron a la conclusión de que estaban emocionados por la perspectiva de convertirse en padres juntos en el futuro.

A medida que avanzaban en su planificación familiar, también exploraron la idea de comprometerse y casarse. Para Martín y María, el matrimonio no era solo un paso formal, sino una expresión profunda de su amor y compromiso mutuo. Soñaban con una boda íntima y significativa que reflejara su conexión única y celebrara su amor ante sus seres queridos.

Además de sus planes personales, Martín y María también discutieron la posibilidad de embarcarse en proyectos empresariales juntos. Compartían intereses comunes y habilidades complementarias, lo que los hacía creer en el potencial de trabajar juntos en proyectos que los apasionaran y les permitieran crecer tanto personal como profesionalmente.

Con una visión clara de su futuro juntos, Martín y María se comprometieron a trabajar en equipo y apoyarse mutuamente en la realización de sus sueños y aspiraciones. Estaban emocionados por la aventura que les esperaba y confiaban en que juntos podrían superar cualquier desafío y construir una vida llena de amor, felicidad y realización.

Capítulo 7: Superando las adversidades juntos

Martín y María se encontraban en la etapa inicial de su relación, donde todo parecía ser un camino de rosas. Sin embargo, pronto se enfrentaron a sus primeros desafíos juntos.

Uno de los primeros obstáculos que enfrentaron fue la diferencia en sus horarios de trabajo. María tenía un empleo que requería largas horas en la oficina, mientras que Martín estaba más involucrado en proyectos independientes que le permitían flexibilidad. Aunque al principio esto parecía ser una ventaja, pronto se convirtió en un desafío cuando intentaban encontrar tiempo para estar juntos.

Además, Martín estaba lidiando con la presión de encontrar un nuevo empleo después de dejar su trabajo anterior. Aunque tenía habilidades sólidas y experiencia, el proceso de búsqueda resultó ser más difícil de lo que esperaba. Esto generó cierta tensión en la relación, ya que Martín se sentía frustrado por no poder contribuir de la misma manera que María económicamente.

A pesar de estos desafíos, Martín y María demostraron su compromiso mutuo al apoyarse el uno al otro. María brindaba consuelo y aliento a Martín en sus momentos de duda, mientras que él ofrecía su apoyo incondicional a María en su exigente trabajo. Aprendieron a comunicarse de manera abierta y honesta sobre sus preocupaciones y a encontrar soluciones juntos para superar los obstáculos que enfrentaban. Este fue solo el comienzo de su viaje juntos, y estaban decididos a enfrentar cualquier adversidad que se interpusiera en su camino.

A medida que su relación avanzaba, Martín recibió una oferta de trabajo en una ciudad diferente. Esta oportunidad representaba un avance significativo en su carrera, pero también significaba separarse físicamente de María. La idea de la distancia planteaba un nuevo desafío para la pareja, ya que tendrían que aprender a mantener su conexión a pesar de la distancia física.

Inicialmente, ambos estaban preocupados por cómo afectaría esto su relación. Habían construido una base sólida de confianza y comunicación, pero no podían evitar sentir cierta aprensión ante la idea de estar separados durante largos períodos de tiempo.

Sin embargo, decidieron enfrentar este desafío juntos, comprometiéndose a mantener viva la chispa de su relación a pesar de la distancia. Utilizaron todas las herramientas a su disposición, desde llamadas telefónicas hasta videollamadas, para mantenerse conectados diariamente.

A pesar de los obstáculos, su amor se fortaleció con cada mensaje de texto, cada llamada telefónica y cada momento compartido a través de una pantalla. Aprendieron a valorar aún más los momentos juntos cuando tenían la oportunidad de verse en persona, y esto les ayudó a mantener su relación sólida a pesar de la distancia física.

Este período de separación fue una prueba importante para Martín y María, pero demostraron que su amor era lo suficientemente fuerte como para superar cualquier obstáculo que se interpusiera en su camino. La distancia solo sirvió para reforzar su compromiso mutuo y su determinación de estar juntos, sin importar los desafíos que enfrentaran.

Después de varios meses separados debido al trabajo de Martín, finalmente llegó el momento en que pudieron reunirse nuevamente. Ambos estaban emocionados por la perspectiva de estar juntos nuevamente, pero también sabían que la convivencia planteaba sus propios desafíos.

Al principio, todo parecía ser como en un cuento de hadas. Disfrutaron de su tiempo juntos, compartiendo risas, creando recuerdos y forteleciendo su conexión. Sin embargo, a medida que pasaba el tiempo, comenzaron a surgir pequeñas fricciones y diferencias en su forma de hacer las cosas.

Martín, acostumbrado a vivir solo y a tener cierta libertad en sus rutinas diarias, encontró difícil adaptarse a compartir su espacio y tomar decisiones en conjunto. María, por otro lado, estaba acostumbrada a vivir con compañeros de piso y valoraba la comunicación abierta y la colaboración en el hogar.

Estas diferencias llevaron a algunas discusiones y tensiones en la relación. Martín se sentía invadido en su espacio personal, mientras que María deseaba una mayor participación y compromiso por parte de él en las tareas del hogar.

Sin embargo, en lugar de permitir que estas diferencias los separaran, Martín y María optaron por abordarlas juntos como equipo. Aprendieron a comunicarse de manera abierta y honesta sobre sus necesidades y expectativas, buscando compromisos y soluciones que funcionaran para ambos.

Con el tiempo, encontraron un equilibrio que les permitió vivir juntos de manera armoniosa y feliz. Aprendieron a respetar las diferencias del otro y a valorar la importancia de trabajar juntos para superar los desafíos de la convivencia. Su amor se fortaleció aún más al enfrentar estos obstáculos juntos, demostrando una vez más la solidez de su relación.

A pesar de los esfuerzos de Martín y María por construir una vida juntos, no estaban exentos de enfrentar desafíos económicos. Martín había experimentado períodos de inestabilidad laboral en el pasado, y ahora, con la pandemia afectando la economía, ambos se vieron confrontados con dificultades financieras.

El aumento del costo de vida y la disminución de los ingresos pusieron a prueba su capacidad para mantenerse a flote. Martín se esforzaba por encontrar oportunidades laborales estables, pero la competencia era feroz y las ofertas escaseaban. María, por su parte, se encontraba bajo presión en su trabajo y temía perder su empleo.

Esta situación generó estrés y ansiedad en la pareja. Las discusiones sobre el dinero se volvieron más frecuentes, y la incertidumbre sobre el futuro comenzó a afectar su relación. Martín se sentía frustrado por no poder proporcionar la estabilidad financiera que deseaba para María, mientras que ella se preocupaba por el impacto que la situación económica tenía en su relación.

Sin embargo, en lugar de dejarse abrumar por las dificultades, Martín y María se unieron para enfrentar los desafíos juntos. Buscaron formas creativas de reducir los gastos y maximizar sus ingresos. Recibieron apoyo mutuo emocionalmente, brindándose consuelo y aliento en los momentos difíciles.

A medida que trabajaban en equipo para superar los desafíos económicos, su vínculo se fortaleció. Aprendieron a valorar la importancia de la solidaridad y la colaboración en tiempos difíciles, y encontraron consuelo en el hecho de que estaban juntos, enfrentando los desafíos de la vida como un equipo unido.

A medida que las dificultades económicas persistían, Martín y María se encontraron apoyándose mutuamente más que nunca. Aunque enfrentaban incertidumbre sobre su futuro financiero, su amor y compromiso mutuo actuaban como un faro de esperanza en medio de la tormenta.

María, con su actitud positiva y su fuerza interior, inspiraba a Martín a mantenerse enfocado y determinado a superar los obstáculos. Juntos, encontraban pequeñas alegrías en la vida cotidiana, recordándose mutuamente que el amor y la felicidad no dependían de las circunstancias externas.

Se dedicaban tiempo para expresar su gratitud el uno al otro y para celebrar las pequeñas victorias, como encontrar un nuevo trabajo freelance o recibir un bono inesperado. Estos momentos de conexión y aprecio fortalecían su vínculo y les recordaban por qué habían elegido estar juntos en primer lugar.

Aunque aún había días difíciles y desafíos por delante, Martín y María se aferraban a la creencia de que juntos podrían superar cualquier adversidad. Su amor se había vuelto aún más profundo y significativo a medida que enfrentaban juntos los desafíos de la vida, demostrando que la verdadera fortaleza se encuentra en el amor compartido y la unidad en tiempos difíciles.

Después de enfrentar una serie de desafíos juntos, Martín y María finalmente vieron la luz al final del túnel. Con perseverancia, determinación y amor inquebrantable, lograron superar las adversidades que enfrentaron.

El éxito finalmente llegó cuando Martín aseguró un nuevo trabajo estable y bien remunerado, mientras que María también vio avances en su carrera profesional. Con la estabilidad financiera restaurada, pudieron respirar un suspiro de alivio y comenzar a planificar su futuro con renovada esperanza y optimismo.

A lo largo de su viaje, aprendieron lecciones valiosas sobre la importancia del trabajo en equipo, la comunicación abierta y la resiliencia. Descubrieron que su amor era lo suficientemente fuerte como para resistir las tormentas más difíciles y que juntos podían lograr cualquier cosa.

Mirando hacia atrás en los desafíos que enfrentaron, Martín y María se dieron cuenta de lo mucho que habían crecido como individuos y como pareja. Agradecidos por el amor y el apoyo mutuo que se habían brindado, se embarcaron en el próximo capítulo de sus vidas con renovada confianza y determinación, listos para enfrentar cualquier obstáculo que se interpusiera en su camino.

Capítulo 8: El poder del perdón y la aceptación

Nos adentramos en el viaje interno de Martín hacia el perdón y la aceptación. Es un camino marcado por la reflexión y la introspección, donde Martín se enfrenta a sus errores pasados con la intención de liberarse del peso que han dejado en su alma.

Martín se encuentra en un momento crucial de su vida. Ha experimentado el amor verdadero con María, pero sabe que para que esa relación florezca plenamente, necesita reconciliarse consigo mismo. No puede seguir llevando consigo el peso de sus errores, de lo que pudo haber sido y no fue.

El proceso de perdón no es fácil. Requiere valentía y vulnerabilidad para enfrentarse a las partes más oscuras de uno mismo. Martín se sumerge en un mar de recuerdos, reviviendo momentos en los que tomó decisiones que lastimaron a otros y a sí mismo. Se pregunta por qué actuó de cierta manera, qué lo impulsó a cometer esos errores. La respuesta no siempre es clara, pero Martín está decidido a encontrarla.

Con el apoyo de María y la sabiduría de Mireya, una consejera espiritual que ha entrado en su vida en el momento adecuado, Martín comienza a desentrañar los nudos de su corazón. Mireya le enseña a mirar sus errores con compasión, a entender que todos somos humanos y estamos sujetos a cometer errores. Le anima a no juzgarse con dureza, sino a abrazar cada lección como una oportunidad para crecer y evolucionar.

A medida que Martín profundiza en su autoexploración, se da cuenta de que el perdón no es solo para los demás, sino también para sí mismo. Reconoce que ha sido demasiado duro consigo mismo, castigándose por mucho tiempo por sus errores. Ahora, está listo para dejar ir el pasado y abrirse a un futuro lleno de posibilidades y redención.

El viaje hacia el perdón es un camino lleno de altibajos emocionales. Hay momentos de dolor y arrepentimiento, pero también de liberación y sanación. Martín se permite sentir todas estas emociones, sin juzgarse a sí mismo por ello. Se da cuenta de que el perdón es un acto de amor hacia uno mismo, una forma de liberarse del pasado y abrazar plenamente el presente.

Martín siente cómo un peso se levanta de sus hombros. Ha dado el primer paso hacia el perdón y la aceptación, y aunque sabe que el camino aún será largo y difícil, se siente más ligero y esperanzado. Ha descubierto que el perdón no es un acto de debilidad, sino de valentía y autocompasión. Y está listo para seguir adelante con su vida, con el corazón abierto y la mente en paz.

Martín continúa su proceso de perdón y aceptación, explorando más a fondo las heridas emocionales que lo han atormentado durante tanto tiempo. Se sumerge en sus recuerdos más dolorosos, dispuesto a confrontarlos con valentía y determinación.

Con el apoyo inquebrantable de María y el sabio consejo de Mireya, Martín se sumerge en las profundidades de su ser. Reconoce que el perdón no significa olvidar o justificar el dolor que ha causado, sino liberarse del resentimiento y el apego a los errores del pasado.

A través de conversaciones íntimas con María, Martín descubre la importancia de la comunicación abierta y honesta en una relación. Comparten sus temores, esperanzas y sueños más profundos, fortaleciendo su vínculo emocional y construyendo una base sólida para su amor.

Mientras reflexiona sobre su pasado, Martín se da cuenta de que sus heridas emocionales se remontan a experiencias de infancia y patrones familiares que ha llevado consigo durante años. Reconoce la influencia de su entorno en la forma en que percibe el mundo y se relaciona con los demás.

Con humildad y determinación, Martín se compromete a romper con estos patrones y crear una nueva historia para sí mismo. Se permite sentir el dolor y la tristeza de su pasado, pero también la esperanza y la alegría de un futuro lleno de posibilidades.

A medida que avanza en su viaje de autodescubrimiento, Martín experimenta momentos de claridad y epifanía. Se da cuenta de que el perdón no solo es un regalo que se da a los demás, sino también a uno mismo. Al liberarse del peso del resentimiento y la culpa, encuentra la paz interior y la serenidad que tanto anhelaba.

Martín se siente más ligero y libre que nunca. Ha logrado soltar las cadenas del pasado y abrirse a un nuevo comienzo. Con el amor de María a su lado y el conocimiento de que está en el camino hacia la sanación, se siente lleno de esperanza y gratitud por el viaje que está emprendiendo.

Martín se sumerge aún más en su proceso de perdón y aceptación, enfrentando los aspectos más difíciles de su pasado con coraje y determinación.

Con la guía amorosa de María y el apoyo constante de Mireya, Martín se sumerge en las profundidades de su alma para explorar las heridas emocionales que han estado latentes por tanto tiempo. Reconoce que para seguir adelante, debe abrazar todas las partes de sí mismo, incluso las que preferiría olvidar.

A medida que reflexiona sobre sus experiencias pasadas, Martín se da cuenta de que el perdón no es solo un acto de liberación, sino también un acto de amor propio. Se permite sentir la plenitud de sus emociones, desde el dolor y la tristeza hasta la compasión y la comprensión.

Durante conversaciones íntimas con María, Martín comparte sus miedos más profundos y sus más oscuros secretos. Se siente vulnerable al exponerse de esta manera, pero también se siente liberado al dejar de lado las barreras que lo han mantenido alejado del amor verdadero.

Con el tiempo, Martín comienza a ver su pasado con nuevos ojos, reconociendo las lecciones que ha aprendido y las bendiciones que ha recibido a lo largo del camino. Aprecia el valor y la resiliencia que ha demostrado al enfrentar sus desafíos, y se siente agradecido por el crecimiento personal que ha experimentado.

Al abrir su corazón al perdón y la aceptación, Martín experimenta una profunda sensación de paz interior y serenidad. Se da cuenta de que el perdón no significa olvidar el pasado, sino liberarse del peso de la culpa y el resentimiento. Se siente más ligero y libre, listo para abrazar el presente con gratitud y optimismo.

Martín se siente más conectado consigo mismo y con los demás que nunca antes. Ha encontrado la fuerza para perdonar y aceptar su pasado, y está listo para abrazar el futuro con esperanza y alegría. Con María a su lado, sabe que juntos pueden superar cualquier adversidad y enfrentar cualquier desafío que la vida les depare.

Martín continúa su viaje de perdón y aceptación, enfrentando los desafíos restantes con determinación y coraje.

Una de las áreas más difíciles de abordar es su relación con su padre. Durante años, Martín ha llevado consigo el peso del resentimiento y la ira hacia su padre por no haber estado presente en su vida de la manera que él necesitaba. Sin embargo, con la ayuda de María y Mireya, comienza a darse cuenta de que el perdón hacia su padre es esencial para su propio bienestar emocional.

A través de conversaciones honestas y profundas reflexiones, Martín reconoce que su padre también es humano, con sus propias luchas y limitaciones. Aunque no siempre estuvo presente físicamente, su padre hizo lo mejor que pudo con los recursos y conocimientos que tenía en ese momento.

Poco a poco, Martín empieza a soltar el resentimiento que ha mantenido durante tanto tiempo, permitiéndose perdonar a su padre por sus errores pasados. Se da cuenta de que el perdón no significa justificar el comportamiento de su padre, sino liberarse del dolor que ha estado sosteniendo en su corazón.

A medida que abraza la compasión y el perdón, Martín experimenta una sensación de alivio y liberación. Se siente más ligero y libre, como si un peso se hubiera levantado de sus hombros. Ahora puede mirar hacia el futuro con esperanza y optimismo, sabiendo que el perdón es la clave para su sanación interior.

Martín se siente más conectado con su padre de lo que ha estado en mucho tiempo. Aunque las heridas del pasado aún pueden estar presentes, está dispuesto a trabajar en su relación y dejar que el amor y la comprensión guíen su camino hacia la reconciliación. Con María y Mireya a su lado, se siente seguro de que juntos pueden superar cualquier desafío que se les presente.

Martín se sumerge en un viaje interno aún más profundo mientras continúa explorando el poder del perdón y la aceptación.

Una de las áreas en las que Martín ha luchado más intensamente es el perdón hacia sí mismo. A lo largo de su vida, ha acumulado una carga de culpa y auto juicio por las decisiones que tomó en el pasado y las oportunidades que dejó pasar. Sin embargo, con la orientación amorosa de María y el apoyo inquebrantable de Mireya, comienza a abrir su corazón al auto perdón.

Martín se permite reflexionar sobre sus acciones pasadas con compasión y comprensión. Reconoce que, como ser humano, es propenso a cometer errores y que cada error es una oportunidad para aprender y crecer. En lugar de castigarse por sus imperfecciones, Martín elige abrazar su humanidad y honrar su capacidad para aprender de sus experiencias.

Con cada paso en su camino hacia el auto perdón, Martín se siente más ligero y libre. La carga de culpa y auto juicio que ha llevado durante tanto tiempo comienza a disminuir, dejando espacio para la paz y la tranquilidad interior. Se da cuenta de que el verdadero amor propio no está en la perfección, sino en la aceptación de uno mismo en su totalidad, con todas sus fortalezas y debilidades.

Al final de esta parte, Martín se encuentra en un lugar de profunda paz y serenidad consigo mismo. Ha aprendido a amarse y aceptarse a sí mismo incondicionalmente, y esto le permite abrirse a la vida con un corazón lleno de gratitud y amor. Con María y Mireya a su lado, se siente empoderado para enfrentar cualquier desafío que se presente en su camino, sabiendo que el poder del auto perdón es su mayor fortaleza.

Capítulo 9: El amor propio como fundamento

Martín se encontraba en un estado de asombro y gratitud mientras reflexionaba sobre el amor que compartía con María. Para él, era casi como si el universo hubiera escuchado sus deseos más profundos y le hubiera enviado a María como respuesta. Se sentía afortunado de tenerla en su vida, como si fuera un regalo del destino que había estado esperando durante mucho tiempo.

Desde el momento en que conoció a María, Martín sintió una conexión instantánea con ella. Era como si se conocieran desde siempre, como si sus almas estuvieran destinadas a encontrarse en este momento exacto de sus vidas. Con María, Martín experimentaba un amor puro y sin reservas, algo que nunca antes había experimentado.

Lo que más le impresionaba de María era su capacidad para amarlo tal como era, sin juzgarlo ni tratar de cambiarlo. Ella lo aceptaba con todos sus defectos y debilidades, celebrando sus virtudes y apoyándolo en cada paso del camino. Con María, Martín se sentía libre de ser él mismo, sin miedo a ser rechazado o criticado.

A medida que profundizaban en su relación, Martín y María descubrían nuevas capas de intimidad y conexión entre ellos. Compartían risas, lágrimas y momentos de profunda vulnerabilidad, creando un vínculo que era verdaderamente inquebrantable. Martín se maravillaba ante la forma en que María lo comprendía y lo apoyaba, incluso en sus momentos más oscuros.

Con María a su lado, Martín se sentía inspirado a ser la mejor versión de sí mismo. Ella lo alentaba a perseguir sus sueños y a enfrentar sus miedos con valentía y determinación. Juntos, creaban un espacio seguro donde podían expresarse libremente y crecer juntos como individuos y como pareja.

A través de su amor por María, Martín experimentaba una transformación profunda en su propia percepción de sí mismo y del mundo que lo rodeaba. Aprendió a valorarse a sí mismo y a confiar en su propio juicio, sabiendo que tenía a alguien a su lado que lo amaba incondicionalmente.

Con María, Martín había encontrado el amor propio que tanto anhelaba. Se comprometió a cultivar y nutrir esa conexión especial, prometiendo amarla y cuidarla en cada paso del camino. Juntos, enfrentarían el futuro con confianza y determinación, sabiendo que mientras estuvieran juntos, nada podría detenerlos.

Con el amor puro y sincero de María como su guía, Martín se sintió impulsado a explorar más profundamente su propio amor propio. A través de su relación con María, aprendió a ver su propio valor y a aceptarse a sí mismo con todas sus imperfecciones. Se dio cuenta de que el amor verdadero no solo venía de otra persona, sino que también tenía que fluir desde dentro de él mismo.

María lo inspiraba a abrazar su autenticidad y a vivir desde un lugar de honestidad y verdad. Con su amoroso apoyo, Martín se sintió libre de expresarse plenamente, sin miedo a ser juzgado o rechazado. Aprendió a amarse a sí mismo tal como era, reconociendo que sus imperfecciones eran parte de lo que lo hacía único y hermoso.

Una de las lecciones más poderosas que Martín aprendió de María fue la importancia de establecer límites saludables en sus relaciones. A medida que profundizaban en su vínculo, Martín se dio cuenta de que necesitaba cuidar su propia salud emocional y no comprometer sus valores y necesidades personales por el bien de la relación. María lo alentaba a defenderse y a respetarse a sí mismo, recordándole constantemente que merecía amor y respeto en todas sus interacciones.

Con María a su lado, Martín comenzó a ver el mundo de una manera nueva y revitalizada. Sus perspectivas sobre el amor, la vida y el propósito se ampliaron, y se sintió más conectado consigo mismo y con los demás que nunca antes. Juntos, exploraron nuevas aventuras, descubrieron nuevas pasiones y enfrentaron juntos los desafíos que la vida les presentaba.

A medida que su amor mutuo se profundizaba, Martín y María se dieron cuenta de que eran más fuertes juntos que separados. Se convirtieron en un equipo dedicado, comprometido a apoyarse mutuamente en cada paso del camino. Su relación se convirtió en un faro de esperanza y amor, iluminando sus vidas y las vidas de quienes los rodeaban.

Con María como su compañera de vida y su amor propio como su fundamento, Martín se sentía preparado para enfrentar cualquier desafío que el futuro pudiera traer. Sabía que mientras tuviera a María a su lado y se mantuviera fiel a sí mismo, no había nada que no pudiera superar.

Con el tiempo, Martín y María se encontraron compartiendo momentos de profunda introspección y crecimiento personal. Juntos, exploraron las partes más profundas de sus almas, desafiándose mutuamente a ser la mejor versión de sí mismos. A través de conversaciones honestas y reflexivas, descubrieron nuevas capas de comprensión y aprecio el uno por el otro.

María se convirtió en la confidente más cercana de Martín, una compañera en quien podía confiar plenamente para compartir sus alegrías, miedos y sueños más profundos. Con su apoyo incondicional, Martín se sintió seguro para abrirse y ser vulnerable, sabiendo que sería aceptado y amado sin reservas.

Juntos, Martín y María enfrentaron desafíos que nunca habían imaginado antes. Superaron obstáculos con valentía y resiliencia, encontrando fuerza en su amor mutuo y en su compromiso el uno con el otro. A medida que crecían juntos, su relación se volvía cada vez más profunda y significativa, fortalecida por cada prueba superada.

Una de las lecciones más importantes que Martín aprendió de su relación con María fue la importancia de la comunicación abierta y honesta. Aprendieron a expresar sus necesidades y preocupaciones de manera clara y respetuosa, creando un ambiente de confianza y comprensión mutua. Esta comunicación abierta les permitió resolver conflictos de manera constructiva y fortalecer su vínculo día a día.

A medida que continuaban su viaje juntos, Martín y María se encontraron compartiendo momentos de pura felicidad y alegría. Descubrieron nuevas pasiones y intereses compartidos, disfrutando de la vida al máximo y celebrando cada pequeño logro juntos. Su amor se volvió aún más profundo y significativo con cada nueva experiencia compartida.

Con María a su lado, Martín se sintió inspirado y motivado a alcanzar sus sueños más grandes. Sabía que con su amor y apoyo, no había límite para lo que podían lograr juntos. Se sentía agradecido por cada momento que pasaban juntos, sabiendo que habían encontrado algo verdaderamente especial en el otro.

A medida que avanzaban en su relación, Martín y María se encontraron enfrentando desafíos externos que pusieron a prueba su amor y su compromiso mutuo. Se enfrentaron a situaciones difíciles en sus carreras, problemas familiares y otras adversidades que amenazaban con separarlos. Sin embargo, en lugar de dejarse llevar por la desesperación, se aferraron el uno al otro con aún más fuerza.

Martín aprendió que el verdadero amor no era solo para los momentos felices y fáciles, sino que también se manifestaba en tiempos de dificultad y lucha. María demostró ser su roca en momentos de crisis, brindándole apoyo inquebrantable y recordándole que juntos podían superar cualquier obstáculo.

En medio de las tormentas, Martín y María encontraron una mayor comprensión y aprecio el uno por el otro. Aprendieron a trabajar en equipo, a enfrentar los desafíos juntos y a confiar en que, sin importar qué, siempre estarían ahí el uno para el otro. Esta conexión profunda y duradera fortaleció su relación y les dio la fuerza para seguir adelante, incluso cuando parecía que todo estaba en su contra.

Una de las lecciones más importantes que Martín aprendió durante este tiempo fue la importancia de la paciencia y la perseverancia en el amor. Aprendió a ser paciente consigo mismo y con María, a entender que el amor verdadero requería tiempo, esfuerzo y dedicación. A través de las pruebas y tribulaciones, Martín y María se convirtieron en un equipo indestructible, listos para enfrentar cualquier desafío que la vida les presentara.

Con el tiempo, las dificultades que enfrentaron solo sirvieron para fortalecer su amor y su conexión mutua. Aprendieron a valorar cada momento juntos, sabiendo que habían superado obstáculos que podrían haber separado a otros. Con María a su lado, Martín se sintió invencible, listo para enfrentar cualquier desafío que el futuro pudiera traer.

Después de enfrentar tantos desafíos juntos, Martín y María llegaron a comprender el verdadero significado del amor propio y la importancia de tener una relación fundamentada en él. Aprendieron a valorarse a sí mismos y a aceptarse mutuamente con todas sus virtudes y defectos. Se dieron cuenta de que, al amarse y aceptarse a sí mismos plenamente, podían ofrecer un amor más profundo y significativo el uno al otro.

Martín aprendió que el amor propio no era egoísmo, sino una necesidad fundamental para construir una relación sólida y saludable. Aprendió a cuidar de sí mismo y a no depender de María para su felicidad o validación. En lugar de buscar la satisfacción externa, encontró la paz y la plenitud dentro de sí mismo, lo que le permitió amar a María de una manera más auténtica y completa.

María, por su parte, también experimentó un profundo crecimiento personal a lo largo de su relación con Martín. Aprendió a confiar en sí misma y en su intuición, y a no depender de la aprobación externa para sentirse valorada. Se dio cuenta de que el amor propio era esencial para su propia felicidad y bienestar, y que solo cuando se amaba a sí misma plenamente, podía amar a Martín de la manera que se merecía.

Juntos, Martín y María se convirtieron en un ejemplo vivo del poder del amor propio y la aceptación. Su relación floreció en un ambiente de respeto mutuo, comprensión y apoyo incondicional. Se convirtieron en aliados en la vida, enfrentando juntos los desafíos y celebrando juntos los triunfos. Su amor era una celebración de la individualidad y la conexión genuina, una prueba de que el verdadero amor comienza desde dentro.

Y así, con el amor propio como su fundamento, Martín y María se embarcaron en un nuevo capítulo de su vida juntos. Sabían que habría más desafíos en el camino, pero también sabían que mientras se mantuvieran fieles a sí mismos y a su amor mutuo, podrían superar cualquier obstáculo que se interpusiera en su camino. Con el corazón lleno de gratitud y esperanza, se enfrentaron al futuro con confianza y determinación, sabiendo que juntos podían conquistar el mundo.

Conclusión:

En el transcurso de su viaje, Martín experimentó una metamorfosis interna que lo llevó a comprender profundamente el valor del amor propio. A lo largo de su vida, se vio enfrentado a numerosos desafíos y obstáculos, desde la inseguridad hasta la crisis económica, que pusieron a prueba su fortaleza emocional y su capacidad para enfrentar la adversidad. Sin embargo, cada experiencia, por dolorosa que fuera, fue una oportunidad para crecer y aprender más sobre sí mismo.

Martín era un hombre que, desde muy joven, luchó con la inseguridad y la falta de confianza en sí mismo. A pesar de sus logros académicos y profesionales, siempre se sintió incompleto y buscó la validación externa para llenar el vacío interior que sentía. Este patrón de comportamiento lo llevó a relaciones superficiales y a una búsqueda constante de amor y aceptación fuera de sí mismo.

Sin embargo, a medida que Martín maduraba y experimentaba más de la vida, comenzó a darse cuenta de que la verdadera felicidad no podía encontrarse en factores externos como el éxito profesional o las relaciones románticas. En su viaje de autodescubrimiento, Martín aprendió a mirar hacia adentro y a encontrar la plenitud dentro de sí mismo. Comenzó a cultivar una relación más compasiva y amorosa consigo mismo, reconociendo y aceptando todas las partes de su ser, tanto las luces como las sombras.

La llegada de María a su vida fue un punto de inflexión importante para Martín. Con María, encontró un amor puro y genuino que lo aceptaba incondicionalmente, con todas sus imperfecciones. A través de su relación con María, Martín experimentó la verdadera conexión y el apoyo mutuo, lo que le permitió crecer y evolucionar como persona. Juntos, enfrentaron desafíos y celebraron triunfos, fortaleciendo su vínculo y demostrando que el amor verdadero se basa en la aceptación y el compromiso mutuo.

El proceso de perdón y aceptación fue fundamental en el viaje de Martín hacia el amor propio. Aprendió a perdonarse a sí mismo por sus errores pasados y a liberarse de la carga del arrepentimiento y la culpa. Reconoció que cada experiencia, por dolorosa que fuera, fue una oportunidad para crecer y aprender, y que todas las partes de su pasado contribuyeron a la persona que era en el presente.

Con el amor propio como su guía, Martín se embarcó en un nuevo capítulo de su vida con confianza y determinación. Sabía que habría desafíos en el camino, pero también sabía que mientras se mantuviera fiel a sí mismo y a sus valores, siempre encontraría la fuerza para seguir adelante. Su historia es un recordatorio poderoso de que el verdadero poder reside en nuestra capacidad para amarnos a nosotros mismos incondicionalmente y encontrar la felicidad dentro de nosotros mismos, independientemente de las circunstancias externas. Martín encontró la paz interior y la plenitud que había estado buscando durante tanto tiempo, y su historia continúa inspirando a otros a hacer lo mismo.

Don't miss out!

Visit the website below and you can sign up to receive emails whenever Tom Sanz publishes a new book. There's no charge and no obligation.

https://books2read.com/r/B-A-WRODB-ZACWC

BOOKS 2 READ

Connecting independent readers to independent writers.

Did you love *Despertando el amor Verdadero*? Then you should read *Lo siento, mamá*[1] by Alex Guerra!

[2]

"Perdón Mamá" es un relato profundo y conmovedor que explora la inquebrantable relación entre una madre y sus hijos a través de las vivencias de un narrador que, siendo el menor de la familia, reflexiona sobre la abnegación, el sacrificio y la fuerza que emana de una madre.

A lo largo de los capítulos, el lector se sumergirá en las complejidades de la maternidad, desde las noches sin dormir hasta los límites inquebrantables que una madre está dispuesta a cruzar por sus hijos. La narrativa explora las diversas facetas

---

1. https://books2read.com/u/bQgn77

2. https://books2read.com/u/bQgn77

de la relación madre-hijo, desde los momentos oscuros hasta las victorias y la capacidad de perdón.

El autor, en un acto de profunda introspección, comparte experiencias personales, revelando la lucha constante de su madre para enfrentar las tragedias familiares. A medida que la historia se desenvuelve, se descubren teorías intrigantes sobre el sufrimiento y el destino, llevando al lector a reflexionar sobre el papel único que desempeñan las madres en la vida de sus hijos.

"**Perdón Mamá**" no solo es un homenaje a la figura materna, sino también una invitación a explorar el perdón, la compasión y el amor incondicional que define la conexión madre-hijo. Este libro es una oda a todas las madres del mundo y una expresión de gratitud por su fuerza, sabiduría y eterno sacrificio.